尽 善 尽 美　　　　弗 求 弗 迪

独居
颐养天年

孤独こそ
最高の老後

［日］松原惇子◎著

戴秋娟◎译

Publishing House of Electronics Industry

北京·BEIJING

KODOKU KOSO SAIKO NO ROGO
BY Junko Matsubara
Copyright © 2019 Junko Matsubara
Original Japanese edition published by SB Creative Corp.
All rights reserved
Chinese (in simplified character only) translation copyright © 2022 by Publishing House of Electronics Industry Co., Ltd
Chinese (in simplified character only) translation rights arranged with SB Creative Corp., Tokyo through BARDON CHINESE CREATIVE AGENCY LIMITED, HONG KONG.

本书简体中文版专有翻译出版权由SB Creative Corp.通过BARDON CHINESE CREATIVE AGENCY LIMITED授予电子工业出版社。未经许可，不得以任何手段和形式复制或抄袭本书内容。版权所有，侵权必究。

版权贸易合同登记号　图字：01-2021-6315

图书在版编目（CIP）数据

独居颐养天年 /（日）松原惇子著；戴秋娟译．—北京：电子工业出版社，2022.8
ISBN 978-7-121-43498-3

Ⅰ.①独… Ⅱ.①松… ②戴… Ⅲ.①老年人－生活－通俗读物 Ⅳ.①Z228.3

中国版本图书馆CIP数据核字（2022）第086342号

责任编辑：王小聪
印　　刷：三河市兴达印务有限公司
装　　订：三河市兴达印务有限公司
出版发行：电子工业出版社
　　　　　北京市海淀区万寿路173信箱　　邮编：100036
开　　本：880×1230　1/32　印张：8　字数：96千字
版　　次：2022年8月第1版
印　　次：2022年8月第1次印刷
定　　价：55.00元

凡所购买电子工业出版社图书有缺损问题，请向购买书店调换。若书店售缺，请与本社发行部联系，联系及邮购电话：(010) 88254888，88258888。
质量投诉请发邮件至zlts@phei.com.cn，盗版侵权举报请发邮件至dbqq@phei.com.cn。
本书咨询联系方式：(010) 57565890，meidipub@phei.com.cn。

前 言

人到了晚年，真的会不安吗？

"我好不容易有了充足的时间和存款，在离开人世之前，还能做许多自己喜欢做的事情，完全不会感到不安啊。"给出这样回答的人为数甚少。事实上，99%以上的人还是会隐隐感到不安的。

那么，为什么会感到不安呢？

非营利组织"老年人工学研究所"在2017年发起了一项名为"进入老年期前遇到的问题"的调查，在未满65岁的人中，83%的人选择"身体机能衰退"，位居第一；63%的人选择了"阿尔茨海默病"；选择"养老金不足""存款不足"的各

独居颐养天年

占45%；此外，选择"墓地""遗产继承"的也位居前列。

在65岁以上的人中，72%的人选择"身体机能衰退"，位居第一；位居第二的选项是"阿尔茨海默病"，占66%；选择"存款不足""墓地""遗产继承"的依旧不少。也就是说，很多人对健康和疾病（包括受伤和事故）、金钱和终老准备问题感到不安。

此外，"孤独和寂寞"也在该调查中上榜。未满65岁的人中有53%的人选择该项。还有约52%的人选择了与孤独密切相关的选项——"无所事事的状态"。

我一边看这方面的新闻和数据，一边思考，正是因为孤独的存在，人们才会担忧"生病了怎么办""钱花完了要投靠谁""一个人能否完成终

前　言

老准备""没有能够一起消磨时光的朋友"等种种问题。很多人认为，孤独对"健康""金钱""终老准备""人际关系"都很不利。

我还听说过这样一种说法——孤独的人是失败者，孤独的晚年更加致命。

但是果真如此吗？我很久以前便对此抱有疑问。

我成立并经营了一家专门帮助单身女性安度晚年的非营利组织"SSS Network"（以下简称"SSS"）。通过该组织，我结识了许多独居老人，男性和女性加在一起超过了1000人。

我也年逾七十且一直单身，这样看来我自己也算是独居老人中的一员。

接触了如此之多的独居老人，且自己也一直作为独居老人独自生活，于是我产生了这样一个

独居颐养天年

疑问：孤独究竟是不是一件像大家所认为的那么糟糕、难受的事情？

一方面，有许多老人即使身处孤独的环境也能乐观和快活。而且，他们对于"健康""金钱""终老准备""人际关系"并没有感到十分不安，实际上他们也不会感到难受。

另一方面，那些有家庭、一直和亲朋好友待在一起的老人，能否完全消除自己的不安呢？应该也是不可能的。

我相信人到晚年，孤独不是一件坏事。与其说孤独不好，不如说一定要让孤独成就最完美的晚年。

我见过许多试图逃避孤独，结果反倒招致不幸的人。具体我会在第一章中详细介绍。

本书将提出如何与孤独相处，以及如何消除

前　言

不安、度过幸福晚年的方法。同时我也想告诉大家，大部分不安都是可以避免的，甚至可以说，孤独反而能够让某些事情更加顺利完成。

我在写作本书时，回顾了1000多名独居老人的案例，研究了他们的晚年规划，并介绍了一些国外的对策。我希望本书中的内容不是纸上谈兵，也不只是一些浅薄的个人经验，我会尽可能提供最新的信息，为广大读者提供参考。

当然，有家庭的人们也可以实践本书中的内容。即使你有配偶儿孙，有很多事情也需要自己思考、自己做出决定。

现在人们常说，"到2035年，日本的独居老人将会超过40%""活到100岁不是梦想，但晚年总是伴随着孤独"。

如上文所述，与其逃避孤独，不如将它视作

一位挚友,与其结伴度过最好的晚年。当然,我自己已经做好了今后过这种生活的准备。

松原惇子

目 录

第一章
越想逃避孤独，越容易变得不幸 //001

不要为了逃避孤独而去养老院 //003
有些养老院只做表面功夫 //012
在高端养老院也无法排解孤独 //019
退休后不要总缠着老伴儿 //028
不要为了逃避孤独而收养孩子 //033
不要为了逃避孤独而再婚 //041
从内心接受孤独，就能安享晚年 //053

第二章
人到晚年，享受孤独方能幸福 //059

与孤独和解后，我获得了幸福 //061
做个独居老人也无妨，自己幸福就好 //067
即使没有家人，一个人也可以很幸福 //078

让老年生活充实起来 //084
孤独才能孕育艺术 //089
能享受孤独之人，住在哪里都能幸福 //094

第三章
独居的人更能自己做主 //099

不要为了晚年的不安做准备 //101
独居的人可以自己决定去不去医院 //105
生病的时候更要独处 //112
即使得了阿尔茨海默病也没关系 //117
要不要抗癌，独居的人自己说了算 //125
不会享受孤独的人才一大早去诊所门口排队 //129

第四章
人到晚年，留足零花钱就够了 //133

独居老人晚年要存多少钱 //135
租房也可安度晚年 //144
收入不高也可安度晚年 //151
不想孤独，就去做志愿者 //159

目 录

为了逃避孤独而存的钱未必用得上 //163

第五章
独居的人没有人际关系的困扰 //171

老两口儿别天天拴在一起 //173
找到让你舒服的相处模式 //180
独居可以减少社交带来的压力 //185
不要和亲人一起生活 //190
养一只猫解闷，而不是依赖他人 //195

第六章
独居能让人更好地为死亡做准备 //203

瞒着妻儿悄悄做终老准备 //205
制作一份"临终档案" //213
为自己的临终时刻做准备 //219
找到一个值得信任的遗嘱执行人 //224
家里人从来不会按你说的去办 //233

后　记 //237

第一章

越想逃避孤独,
越容易变得不幸

第一章
越想逃避孤独，越容易变得不幸

不要为了逃避孤独而去养老院

● 每晚都能听到"好想死"的大合唱

"好想死！""快杀了我吧！"……每到夜深人静的时刻，某家护理型养老院寂静昏暗的房间中，这样近乎哀号的呻吟声此起彼伏。据在那里工作的一位男性临时工说，这家在全国范围内经营的大型养老机构已经成为遗弃老人的"荒山"。

"家人只是在最初送老人过来的时候露面，再出现时就是老人去世的时候了。"

在接待参观和相关人员访问的日子，养老院会和平时有些不同，氛围热闹轻松。到了这一天，按照院方的意思，入住的老人会笑眯眯地和大家

独居颐养天年

打招呼"你好"。

谁也不知道他们的真实想法。老人们也绝对不会说出他们的真实感受,他们会体谅甚至感谢来看望他们的人。

据这位临时工介绍:下班后,工作人员只要一想到那些在生活中等待死亡的老人,那么无声无息地睡在那里,就会感觉毛骨悚然。因此,大家都不愿意上夜班。上夜班的员工多是无法依靠养老金生活的老人。

清晨的养老院十分忙碌。作为临时工,他要一个人照顾整个一层和二层将近60名老人如厕,并为他们换尿布,这听上去令人很震惊。到了早上,"啊啊,喂",刚刚睡醒的老人们呼唤他的声音从各处传来。有些老人等不及他过来就失禁了,还有一些老人满身便溺,苦苦等待。但即使是如

第一章
越想逃避孤独，越容易变得不幸

此严酷的状况，养老院也没有配备足够的人手。

当然，因为养老院的条件参差不齐，所以不能一概而论。也很难说，养老院对老人来说是一个很好的去处。老人的家属们都有自己的生活，所以很多时候，尽管感觉老人很可怜，但只能请求他们去住养老院，这便是现实。

也有很多老人为了逃避孤独，搬进了养老院。这样一来，孤独在物质层面确实得到了排遣。毕竟在养老院中，有工作人员，也有很多老人，不过很难说，他们在精神层面也得到了满足。

● **害怕被家人抛弃**

一位63岁的女性将她90岁的老母亲送到了一家护理型养老院。

周围的人都羡慕地说："能够住进护理型养老

独居颐养天年

院,您的母亲很幸运。"她却否定道:"对于去养老院,母亲一点儿也不开心。"

"她自己一定很想住在家里吧,但是为了成全我,反复思考后,她还是决定去养老院。"

自从把母亲送进养老院,至今已经过去五年了。母亲那寂寞的背影深深烙印在她的脑海中,现在回忆起来,她的眼泪也还会夺眶而出。

为了安抚母亲,她每周都去养老院探视。但是,像她这样来探视亲人的家属少之又少。

为了照顾其他入住者的情绪,她和母亲尽量避免去大家都在的食堂说话,只在母亲的房间里聊天。"多好啊,你女儿能来看你,不像我,没人来看我。我儿子把我扔到这里,他就是个混蛋。"有些精力充沛的老人会向她宣泄自己的愤怒情绪。

但是即使她的母亲在大家眼中很幸福,她也

第一章
越想逃避孤独，越容易变得不幸

曾经在女儿面前说过"想早点死"的话。这绝对不是因为养老院的服务不好，那里的员工都很亲切，好人也很多，喜欢唱卡拉OK的母亲也经常被员工们夸奖。那么，为何她不想活下去呢？

大概是因为被送入养老院的老人们，无论住在多么富丽堂皇的地方，都有一种被家人抛弃的感觉。老人们非常敏感地察觉到，自己已经成了家人的负担，就算家人不会当面说"妈，你准备活到什么时候"，老人们还是能察觉到家人可能并不希望自己活那么久。

母亲对女儿客客气气地说出"我想死"这句话的背后，是否也带有这样一层含义——"我不想在一群不认识的人中活到死，我想从这种精神痛苦中解脱出来。"

那些在和睦的大家庭中迎来百岁大寿的老

独居颐养天年

人，应该不会说出"我想死"这样的话吧。

养老院可以给一些老人提供容身之所，但是，孤独造成的内心空虚，就只能由他们自己去填补了。

● **人不会因为能在一个安全的地方终老就会感到幸福**

有些老人说："无论发生什么事情，我都不会住进养老院，决不。"然而，最终还是有很多老人考虑到孩子们的生活，不得不住进养老院。

高端养老院的定价，决定了住在那里的老人退休前大都从事诸如医生、律师、公司职员等社会地位较高的工作。我的情况也差不多，但是对于那些囊中羞涩的家庭而言，并没有住高端养老院这个选项，这反而省却了不少麻烦。

第一章
越想逃避孤独，越容易变得不幸

虽然这绝对不意味着家人们就此抛弃了这些老人，但是从已经住惯了的温暖的家搬进全是陌生人的养老院，人人都会感到寂寞心酸吧。

能够将双亲送进养老院的家庭大都对养老院很放心。毕竟进了那里，吃饭、洗澡、端屎、端尿这些活儿，都由工作人员来做，而且还时常有人来唱歌跳舞供老人们娱乐。

但是说句不好听的，对于在那里等待死期降临的老人们来说，养老院就是一间单人"牢房"。

当然，这也因人而异，享受养老院生活的人肯定也有。不过，也有不少人表面看上去开开心心的，内心深处却寂寞难耐。

前些日子，我约见了一名40多岁在养老院工作的女性。我本期待能从她那里得到一些养老院的内幕消息，结果她却开口说："住进养老院的老人

独居颐养天年

们都很幸福。"这令我很吃惊。我说:"可我见到了许多精神上十分寂寞的老人。"她回答:"没有那回事儿。大家都很感激我们,而且过得很愉快。"

我的观点是不是一种偏见呢?几天后,当我和一位将双亲送进养老院的朋友讲起这件事时,她断然否定了养老院工作人员的说法。"我母亲从90岁开始,就需要工作人员照顾了,她对工作人员的态度是十分小心翼翼的。在那里,老人如果被讨厌的话就无处可去了,所以他们才会一边微笑一边充满感激地说出'谢谢你'这样的话。那个工作人员还太年轻,不理解老人们的心情。"

她说:"工作人员下班回家后,就能享受自己的自由时光,但是对于老人们来说,养老院就是他们生活的地方,除此之外他们无处可去。"

她还说,自己并不是要求工作人员都思考得

第一章
越想逃避孤独，越容易变得不幸

这么深刻。只是换位思考一下，老人们每天都要在别人的照顾下生活，其中的寂寞远超家人的想象。将父母送进养老院时，父母和儿女都是哭着做出这个决定的。

以前，我在一家高端养老院见过一名男性，令我难以忘怀。他坐在远离人群的桌前，独自用完餐后，坐着轮椅来到窗边，凝视着窗外。从他那整齐的着装和威严的背影来看，恐怕退休之前是担任一些要职的吧。但是在那里，他却和年轻的工作人员没有共同语言，大概也没有能和他一起愉快聊天的老人。

养老院的存在确实帮助了许多人，但是渐渐地，我们也不得不思考这样一个问题：仅仅来到一处可以安心走完最后一程的地方，究竟能不能让人感到幸福？

独居颐养天年

有些养老院只做表面功夫

● **我也曾想过要去住养老院**

到目前为止,我调查了许许多多的养老院,其中有一家我很感兴趣。那虽是一座房间狭小的古老建筑,但是经营者的理念却很好。我作为一个居家派,也不由得心动。那里和我在荷兰见到的养老院一样,完全没有规则,这在日本是很罕见的。

日本的养老院遵循着安全第一的原则,许多事情是禁止做的,生活在养老院的老人被严格管理着,很难说他们有真正的自由。比如,"不准养宠物""白天不许喝酒""外出要报备"……

第一章
越想逃避孤独，越容易变得不幸

但是在那里却没有规则束缚，几点回来、想去哪里都可以，还有就是想带异性回房间也是完全可以的，虽然实际上可能没有人会这么做。那里是一家"宾馆"，房客们拥有真正的自由——这种理念令我心动。

调查结束后，走在回家的路上，我冒出一个念头：当自己生活不能自理、需要照顾时，就将那里作为最后的居所。说实话，这还是我第一次产生这种念头。我甚至动起了小心思："居然有这么好的地方，我不会告诉任何人。"

因为想要以一个入住者的身份再参观一下，我又一次拜访了那家养老院。

"当我90岁时，会不会成为这里的居民呢？"我抑制不住内心的激动走进了玄关。但是，和上次的感觉好像不太一样。我瞬间就想："之前是这

独居颐养天年

种感觉吗?……怎么会这样?果然还是不太行!"就像相亲的时候,对相亲对象初次见面时的印象,和第二次大不相同一样。

虽然我很赞赏经营者的理念,不过毫无疑问,住在那里的只有较为年长的老人。对我来说,那里的世界只有老人,让人感到异样,也许等我到90岁时就感受不到这点了,不过现在我才70岁。因为这次我是以自己要住在这里为前提来参观的,所以要求就更加苛刻了。

上次他们只带我参观了无人入住的空房间,这次我能够参观有人住的房间。一位85岁身板硬朗、打扮时髦的女性非常爽快地答应让我参观。她那硬朗的身板让人感觉她要住进养老院还为时尚早。

18平方米左右的房间十分狭窄,一张床和一

第一章
越想逃避孤独，越容易变得不幸

个桌子就塞满了。自制的羽绒被褥上垂着法国产的蕾丝边窗帘，这种很有个人风格的室内装饰，让我得以窥见她在这里愉快生活的样子。

● **安心和幸福是两码事**

"这里真是个好地方啊！"我发自内心地夸赞道。结果，她的回答却出乎我的意料。

"是吗？虽然我刚搬进来，但是已经开始厌烦这里的生活了。"我愣了一下，她继续说道，"工作人员都很亲切，什么都帮我打理好了，连垃圾都会帮我扔掉。我什么都不用做。我在想，从今以后直到死去，在这段漫长的时光中，自己要怎么度过每一天呢？说实话，我感到不安。"

她丈夫七年前因病过世，他们膝下并无子女，于是她决定到了85岁就住进养老院。

独居颐养天年

丈夫过世以后,她的兴趣就是四处打听养老院。在走访了许多地方后,在她80岁那年,她遇到了这家养老院,出于对经营者理念的认同而选择了这里。

在决定好自己的未来时,她长舒了一口气,终于可以不用麻烦别人就能度过生命的最后时光了。然后,她怀着激动的心情,在几个月前搬进了这个朝思暮想的终老之地。

愉快的迁居本应消除她晚年的不安,但仅仅过了数月,无聊——这一令人不安的感觉渐渐浮上心头。在这之前,她是完全没有预料到的。我留在屋子里,想和身为前辈的她多聊几句。

虽然这样说可能有些出言不逊,但是人们搬进养老院,还是为了买个安心。不过,获得安心和获得幸福完全是两码事。

第一章
越想逃避孤独，越容易变得不幸

要想在养老院中寻找幸福，是在房间中独自一人埋头干自己喜欢的事情好，还是努力寻找谈得来的朋友好呢？这就看个人的喜好了。

过了85岁以后，晚年时光比想象中还要漫长。在决定去养老院的那一刻，还是要预想到最坏的情况后再签合同比较好，而不是基于美好的想象。实在没有办法，也不要单纯为了逃避孤独而去养老院。老人是讨厌老人的，我也不例外。在那种环境中一直活到死，是一件很不容易的事。

所以，不要对别人说什么无聊。在这样一个能遮风挡雨又有人照料的地方安度晚年，是自己的选择。既然已经决定将这里作为人生的最后居所，就必须抱有"这样就挺不错了"的想法。

年轻时如果在一个地方住烦了，还可以搬到别处，但是体力和经济能力都在不断下降的老年

独居颐养天年

人,却无法做到这一点。我并不是说养老院不好,我只是想说,在住进去之前,要做好心理准备,单纯住在养老院,是无法治愈由孤独引发的寂寞感的。

　　临走时我蓦然回首,看到那法国产的蕾丝边窗帘还在风中飘荡,不知为何,和最初的印象不同,我感到了一丝寂寞。无论之前是因为喜欢这家养老院才选择入住的,抑或是别的原因,如果自己不能振作精神,内心就无法释然。想到这里,我怀着沉重的心情离开了这个地方。

第一章
越想逃避孤独，越容易变得不幸

在高端养老院也无法排解孤独

● 豪华养老院的生活

步入中老年，人们开始关心自己的终老之地。尤其是女性，即使她们有丈夫，也都做好了丈夫先走一步的准备，所以她们十分关注自己孑然一身后的住处。

相对而言，男性在这件事上则显得很超脱，因为他们绝大多数都相信自己会比妻子先死。或许，有些男性会觉得妻子死后，自己就成了生活不能自理的人，所以不愿意去想这些事。

前些日子，我参观了东京郊外一处刚刚竣工的养老院。我感到很好奇，新建的养老院究竟是

独居颐养天年

怎样的呢?

我仅凭那家养老院主页上的信息,在毫无先入为主观念的情况下去了那里。我的想法是不抱任何期待去参观,因为最近海报上的信息和实物之间差得令人难以置信的情况太多了。

从最近的公交车站坐公交到那里需要 10 分钟。近来很少发生以车站附近土地为诱饵的诈骗事件,可见车站附近没有大面积的空地。我要去的养老院就建在一片绿意盎然但是买东西很不方便的地方。

出租车在该建筑前停下时,我不由得叫出了声:"这是养老院吗?看上去简直是夏威夷的会员制度假酒店。"这座建筑怎么看都无法让人联想到这是一家养老院。四周一处招牌都没有,草木繁茂,大厅十分宽敞,让人很放松,中央的桌子上

第一章
越想逃避孤独，越容易变得不幸

摆放着插花。映入眼帘的一切都美不胜收，就连平常一贯苛刻的我，也完全忘记了要批评这里。

这种开放感让人感觉不到这是日本，周围的一切都是西式的，让人情不自禁地感叹："我好想住在这里。"

一楼是公共活动室，二楼以上是居住的房间。这座建筑不是四边形的，而是一种错综复杂的形状，周遭大量使用水和绿植做点缀，让我想起在毛伊岛住过的一家酒店。

几十年前，我曾去东京高档住宅区的一家床位费为1亿日元的超高端养老院参观。那时，我被大厅和食堂中金色的欧式弯腿家具震撼了。但是，这里却和那里的风格不一样。

"不过一定很贵吧。"我和一同前去的伙伴交换了个眼神。听到价格后，我更加震惊了，价格

独居颐养天年

虽然谈不上便宜，但是也没有贵到让人瞠目结舌的份儿上。床位费是3000万日元，每月的管理费是11万日元。这里不仅有为能够生活自理的老人准备的老年公寓，还有一栋护理楼，服务可以说是无微不至。

我领导的非营利组织"SSS"是一个专门帮助单身女性度过当下和晚年的团体，其中许多单身者最后都考虑住进养老院。她们异口同声地说："自己一个人住，总是担心发生意外。倒在家里的话，谁也发现不了，这点让人很不安。所以我们尽可能避免一个人死去。"

我本想对她们说："倒在家里谁也发现不了，也是一种幸福。"但是单身女性的不安数不胜数，如果发生意外，自己不处理的话，也没有家人能够依靠。因此，很多人选择80岁左右搬进养老院

第一章
越想逃避孤独，越容易变得不幸

或者护理院，将其作为终老之地。由此可见，虽然单身者都不明说，但是大家都在寻找自己最后的住所。

我是属于"在家里待到生命最后一刻"的那类人，不过这也可能是因为我现在精力还很充沛，所以才会这样说，等到真的走不动路时，是否还能坚持住在家里，不到那一刻是不会知道的。所以，最近我也拿不定主意了。

我和同伴深深叹了口气："唉，住在这里的人真幸福。这世上无论到哪里，还是金钱万能啊！"

结束了参观，我们怀着羡慕的心情去食堂吃午饭。不，"食堂"这个词用得不太准确，应该说是酒店的餐厅。毫不夸张地说，这里的氛围和希尔顿或喜来登的餐厅一样。

窗边明亮的座位坐满了住在这里的老人，于

> 独居颐养天年

是我们找到了一个靠里边光线昏暗的座位。一落座，我便注意到了一件事，首先是这里的老人没有特别衰老，都在70岁上下。当然，如果身体不好是不会住进来的，但这里也没有坐轮椅的老人。所以，与之前参观调查过的那些接收高龄者的养老院相比，这座建筑给人一种截然不同的感觉。

周围好像都是如同常在银座见到的顾客一般打扮时髦的贵妇人，看不到平民风格的老太太。大概只有那些追求美感的人，才会选择这种美丽的养老院吧。

● **虽住在豪华养老院，老人之间却毫无交集**

这里，没有人穿着我平时一直批评的那种灰不溜秋的衣服，但是也没有人穿着颜色鲜艳的衣

第一章
越想逃避孤独，越容易变得不幸

服，大部分人的衣服都是白色、灰白色和黑白色的，再加上花白的头发，似乎这个世界没有任何其他颜色存在。我不知道这种装扮是不是时髦，但是看上去大家过得不算开心。

更令我震惊的是，人们不是面对面坐着，而是面向一块能够看到中庭的玻璃并排坐在一起。不只是没有配偶的人，就连老夫老妻也是如此。从我们这张靠里的座位看过去，就像是一座电影院。这种不会和任何人产生目光接触的坐法究竟有什么意义呢？

说实话，这让我感到很别扭。至今我去过许多养老院，但还是第一次见到全员并排朝向同一个方向坐在一起的场面。老人们只是看着外边的景色吃着午餐，一种对彼此敬而远之的气氛笼罩着这里。

> 独居颐养天年

没有人交谈，穿着可爱的蓝白色制服酷似酒店服务员的年轻女性端着盛满丰盛午餐的碟子来回穿梭。

和其他养老院一样，这里的男性也不多。独自用餐的男性虽然穿着体面，但是可以感觉到他们的落寞。他们看上去十分悲伤，既不和谁打招呼，也不和人交谈，只是默默地坐下，默默地吃饭，然后默默地离开。

他们是不想同其他人产生交集吗？不是的。这里的男性大都是因为妻子先他而去，身为律师或者医生的子女们为了方便，才将他们送到这里的。这样的养老院生活肯定令身边的人羡慕不已，但是这些父亲内心深处究竟是怎样想的呢？他们的子女们也应当从未目睹过午餐时间父亲落寞的身影吧！

第一章
越想逃避孤独，越容易变得不幸

刚开始参观时，我还不由得感慨着"哇，好棒"，但是随着时间的流逝，我的心情渐渐沉重，最终只能沉默无言。

> 独居颐养天年

退休后不要总缠着老伴儿

● 以前对妻子爱搭不理，现在却总想缠着她

退休以后的男人实在是无可救药，我甚至都想挖苦他们说："男性应当终其一生都在公司上班。"因为他们一生中大部分的时光都在公司度过，他们的思维彻底机械化，最终丧失了人类的生活方式。

从这点来看，那些被排除在晋升通道外的上班族是很幸运的。他们退休之前，就在寻找上班之外的其他的人生道路，所以人际关系广泛，退休后能够顺利进入一个截然不同的世界。

问题就出在那些从年轻女员工手中接过花束离开岗位的管理层人员身上。直到退休前的最后

第一章
越想逃避孤独，越容易变得不幸

一天，他们的生活都是围绕着公司展开的。

等回过神来，才发现子女都已经组建了家庭，不再经常和自己来往，妻子也和朋友们聚在一起，开心地做着自己想做的事情。"唉！没有我的位置了吗？""你们觉得一直以来都是谁在养家啊？"

在公司中威风惯了的丈夫，如今在家里没有属于自己的位置，也没有能够满足自己威信的头衔，到昨日为止还熠熠生辉的人生倏然不见了。

我这么说，虽然可能有些冒犯他们，但我还是想对他们说："往事已成梦。"不过，越是职位高的人越不能认清自己退休后的状况。

我是一个单身的自由职业者。有一位男性还在一家大企业上班时，每次见到我都会同情地说："自由职业者好辛苦啊，还是去公司上班更好。"那时我就在心里暗自念叨："如果公司倒闭了，你怎么

> 独居颐养天年

办？拿着几千万日元的年薪，脑子都不清醒了。"

退休以后，他和妻子二人开始了新生活，他们的儿孙也都很健康。他规划好了自己的退休生活，从今以后夫妻二人将要踏上旅途，享受人生。

在妻子的强烈要求下，他们随旅行团去了墨西哥和阿拉斯加。但是，夫妻二人的愉快旅行却止步于此。有一天，妻子冷冷地对他说："我很忙，以后你自己去旅游吧。"

就这样，丈夫在公司埋头工作了30年，而妻子在生活中也找到了志同道合的朋友。丈夫退休后待在家里，反而让她很不适应。当然这么多年，毕竟丈夫为家里赚了不少钱，妻子还是会照顾他的，但是"我又不是你妈，自己的事情自己来"。

● 要和妻子保持一定的距离

想要夫妻俩一起度过美好的晚年时光，有一

第一章
越想逃避孤独，越容易变得不幸

个可能有些严苛的做法——趁自己还是一个公司职员的时候就多陪陪妻子吧。以前，明明妻子换发型了，都看不出来，退休以后，却使劲儿往她那里凑，如意算盘打得也太响了。

很遗憾，在丈夫和金钱之间，有些女性更偏爱后者。

有些男性退休后，想和妻子一同参加她的志愿者活动，不过，为了避免关系恶化、被妻子讨厌，我建议还是不要去为好。最明智的选择是，不要抱有和妻子一同度过晚年的幻想。

妻子不是经常外出，就是待在家里，开心地和朋友"煲电话粥"，这时，独自一人翻来覆去地看报纸的丈夫，可能会觉得自己十分寂寞。大家都不是小孩子了，不要老想着让妻子来治愈自己的孤独，创造一个属于自己的世界吧。

> 独居颐养天年

那些平时就不怎么交流的夫妻，老了以后，也不会突然就能聊到一块儿的，所以还是找一个可以替代之前的工作，让自己发挥余热的事情吧。

退休的男同胞们，去闯荡属于自己的一片天地吧。不要再缠着妻子了，给她们自由吧，自己治愈自己的孤独。

就如同和当初上班一样，你仍早出晚归，不要过多干涉妻子的生活。不要用聊天软件给妻子频繁发消息，你已经不是公司的管理人员了，不能再管别人的事情了。这样的话，她肯定会对神秘的你产生兴趣——丈夫最近总是开心地出门，究竟干什么去了呢？

夫妻之间"最完美"的距离，也许就是毫无交集。希望你要时刻留意，切莫强行拉近同妻子之间的距离。

第一章
越想逃避孤独，越容易变得不幸

不要为了逃避孤独而收养孩子

● 过继养女不靠谱

年轻时的孤独最终都化作感伤释怀了，步入老年后的孤独却愈加严重。古稀之年的我有资格说，和年轻时那种感伤的孤独不同，年老时的孤独是一种意识到自己行将就木的寂寞。随着年龄的增长，人们会越来越多地思考自己的临终时刻，孤独死的场景始终萦绕在脑海中，终日被不安驱使着。

有这样一位单身女性，她居住在东京都内的独栋别墅里，是一位继承了父母财产的小富婆。她总是以一种高高在上的态度说话，据此我认定

> 独居颐养天年

她是个小富婆。真正的富人大都是一些平易近人、虚怀若谷的人,只有那些比上不足比下有余的人,才会使劲炫耀。

退休之前,她一直是一家公司的职员,退休后成为一名插花老师,每天过着忙忙碌碌的生活。由于她已经不再是我们这个团体的会员,所以当我在演讲现场遇到她时,并没有认出来。

"你好吗?"我说道。

"非常好。不过我现在已经老了,所以搬到了一处可以让我安度晚年的地方。"她看上很高兴。

"这样啊,那挺不错,哪家养老院啊?"我问道。

对于没有子女的单身女性来说,一般到了80岁左右,就要寻找一家养老院或者服务型老年公寓,作为自己最后的居所了。年轻时,独自一人

第一章
越想逃避孤独，越容易变得不幸

生活没有任何问题，但当意识到自己身体的各个器官都开始老化的时候，就有人打起了退堂鼓，丧失了独居的信心。

尤其是那些身体羸弱或者罹患焦虑症的人，有些在70多岁时就住进了养老院。这也是应对一个人生病时的不安、身边没有家人陪伴的孤独感的一种选择。现年85岁的她，也终于迎来了这一时刻。

但是她的回答令我很意外。

"不是养老院，我卖掉了自己的房子，搬到了一处可以看到隅田川的公寓里。"她这样说道，而且还过继了一个养女。

我听说过某些单身的著名女作家或是影视女明星，在老后为了给自己的遗产找一个继承人而过继养女的故事。单身人士由于没有子女作为法

> 独居颐养天年

定继承人，所以如果过继养女，让她照顾自己晚年的话，作为回报，可以将自己的遗产赠予她。也就是说，通过过继养女，时日不多的单身老人可以得到照料；同时，不费多大劲儿，就能得到财产的养女也十分开心，一种双赢关系就这样成立了。

- **与其过继一个盼着自己早点死的养女，不如造福社会**

过继了养女后，两个人在户口上就是亲子关系，这样养女成了法定继承人，死后的财产和房产的处理，也就不用担心了。获得了全部财产的养女，也一定会为自己养老送终。85岁的她好像患了青光眼，大概没有信心继续过独居生活了。

养女是一位40岁的单身女性，好像是她教插

第一章
越想逃避孤独，越容易变得不幸

花时带的徒弟。我不知道她们是通过哪些契机、经过怎样的过程确立过继关系的，这是别人家的私事，我对此毫不关心，不过对于过继这个事我还是做了许多推理的。

当前，日本处在一个经济衰退的时代，许多年轻女性找不到工作，也有许多女性对自己晚年的经济状况感到不安。只要嫁人就能安稳度过一生，已经是过去时了，现在她们不得不面对更为严峻的形势。单身女性只需打理好自己的事情，日子还是可以过下去的，但那些带着孩子的离异女性，生活则艰难得多。

在这种社会背景下，我感到最近过继养女的无嗣夫妻和想要成为别人的养女的单身女性多了起来。虽然这样说，可能会让人感到毛骨悚然，不过盯着老年人财产的，不仅仅是冒充熟人的电

> 独居颐养天年

话诈骗犯。电话诈骗很明显是犯罪行为，但是那些"职业养女"，却是在双方达成共识的基础上签订合约后确立亲子关系的，并不属于诈骗行为，不过有些地方我还是不太能理解。

可能是我多虑了，不过户籍转到一起后，她们真的会为养父母养老送终吗？如果老人们比预想的要长寿，或者由于某些额外的开支，存款很快就花光了，怎么办？

我不是一个有钱人，就算是这样，曾有一个40多岁的编辑对我说："松原老师，您以后要是生活不能自理了，我会照顾您的。"说真的，听到这句话时，我感到一种莫名的安心。

此外，当我提到我没有担保人时，一位女性会员对我说："松原老师，我可以当你的成年监护人啊（法律规定，成年监护人有资格作为老年人

第一章
越想逃避孤独,越容易变得不幸

的监护人、代理人,并为他们管理财产)。"我又不是曾野绫子(日本著名女作家),我感觉她看到我存折上的存款后会很失望。

单身的老人如果看上去很有钱,就不能将寂寞写在脸上;如果还有子女,就更不能让自己显得很孤独。对于独居的人来说,孤独是理所当然的,所以在人生的最后时刻,为自己找一位"血亲",等于否定了自己一直以来的生活理念。

如果钱多得真的花不完,我觉得你可以趁着自己还健在,将它们用来帮助那些疾病缠身或身陷困境的人。与其只讨好养女一个人,不如将这笔钱造福社会,这样才能让它发挥最大作用。不过,这可能只是穷人的思维方式吧。

这样做的话,那些得到捐款的团体和孩子们,会一直感激你,你会受到他们的爱戴,可以

> 独居颐养天年

每天过着不那么孤独的生活,直到离开人世。

  我并不是说所有的养女都心怀鬼胎,但是大多数养女确实是在掰着指头算你还有几天活头。如果你很长寿的话,我不知道你会被怎样对待,而你一死,她肯定就会在你的高档公寓里尽情享受,紧接着,那些嗅着金钱味道赶来的帅哥也会住进去……好了,一部"悬疑剧"就这样开始了。

第一章
越想逃避孤独，越容易变得不幸

不要为了逃避孤独而再婚

● **无法忍受孤独的老年男性，是拜金女眼中最好的"猎物"**

这个世界上有许多老人，即使年岁渐长，身体不能再活动自如，也在精力充沛地生活着。快乐地过着独居生活的老人也很多。但是，无论他们多么享受这种生活，还是会有一种老年的孤独感。

我一贯认为，55岁之前，生命力旺盛的人在走上坡路，55岁时达到巅峰，之后情况会急转直下。成为高龄老人之前就离开人世，可以说也是一种幸运，再往后，处于老年期的人只会越来越

> 独居颐养天年

衰老。在这样一种状态中活下去,并不是一件容易的事。

如果能够以65岁时的身体状态,一直活到95岁就好了,但是这30年里,人的身体会一年比一年衰老,反应会一年比一年迟钝,简直是活受罪。还有就是随着老人的行动更加困难,家人和社会可能不再关心他们,也不再理睬他们。所以,忍受着孤独、不愿再活下去的老人应当很多,他们只是没有说出来罢了。

前些日子,有一位73岁的单身女性(化名为正子)来到我这里做咨询。咨询内容是关于她耄耋之年的哥哥(化名为隆司)的事情。

坦率地说,一开始听到她说"哥哥的事情"时,我就在想,没必要关心这种事吧。不过听着听着,我意识到,这也是老年孤独导致的现象,

第一章
越想逃避孤独，越容易变得不幸

便产生了兴趣。

正子离过婚，没有孩子。哥哥隆司也是终身未婚，一直和父母生活在一起。十年前父母离开人世后，她的哥哥依然住在老房子里。听说小时候他们兄妹经常吵架，不过现在，两个孤单的老人会时常见面。

最近由于隆司的身体越来越差，两个人开始频繁来往，正子便提出搬到隆司的家里一起生活。

"我们兄妹的养老金都不多，没有钱住养老院，所以趁着还能在家里互相照顾，就先互相照顾着，最后走的那个人卖掉房子，去住养老院。我是这样想的，所以决定一起住。"正子说道。

但是，这时突然发生了一件事。距离搬家还有几个月的时候，隆司突然把她叫了过来："我有话对你说，速来我家。"正子担心哥哥的病情恶

> 独居颐养天年

化，急忙赶到他的家中，结果发现房间里站着一位年轻女性（说是年轻，也有60多岁了），隆司说他们要领证结婚。正子大吃一惊。

"她是谁？领证结婚是怎么回事儿？！"

哥哥生命中完全没有出现过女性的身影，而且怎么看，他们俩都没有要长久在一起的迹象。居然有人要和80岁疾病缠身的哥哥结婚，简直令人无法想象。正子感觉自己快要昏过去了。

一直听她诉说的我，脑海中突然闪过一个念头。虽然明知这样说可能有些不礼貌，但我还是问道："她是不是个职业婚骗？"

"有可能。"正子听了，也点了点头。

"但是，哥哥已经80岁了啊，我不敢相信他会结婚。我现在该怎么办啊？"她颤抖着说。

我一直相信，将孤独的老年男性作为目标的

第一章
越想逃避孤独，越容易变得不幸

诈骗事件正在不断增加，现在看来果然如此。

我想起了2014年前后发生的一起媒体争相报道的事件——一名职业骗婚女性笕千佐子，用氰化物制造的一起连环杀人案。从那时起，我便对那些职业骗婚女性的狡诈感到震惊。那个被捕的骗子看上去是一个随处可见、毫不起眼的老太太，更令我震惊的是，她用甜言蜜语接近那些单身老年男性，一边卖弄自己的风情，一边让对方沦陷，和自己结婚。不得不说，这是一起由一位深谙孤独老年男性心理且十分精明的老太太策划的诈骗案。

她等不及老伴死去，就把他杀掉了，最后酿成了这样一桩惊天大案。我感觉自己的身边，也发生着非常类似的事情。

> 独居颐养天年

● **孤独寂寞的男性与渴望金钱的女性的婚姻**

我在理性上并不能直接断言这是一起诈骗案,但是隆司的这种情况确实有骗婚的嫌疑——生活寂寞的单身老年男性和为了财产而接近他的女性结婚。我认为,这一切缘于社会状况已经糟糕到很难让女性独立生存下去了。

在当今的日本,女性离婚以后收入会锐减,也无法从政府那里得到任何保障,没有"安全网"可以为她们兜底,这就是日本的现状。一旦发生事故或者生病,她们就很容易成为弱势群体。

现在的日本社会,对那些脱离人生正轨的人是漠视的,那些在大企业工作的人可能很难理解,但这种情况确实存在。我不能说所有要结婚的女性都在干着职业婚骗的勾当,然而也不得不说,这是贫困导致的一种社会现象。

第一章
越想逃避孤独，越容易变得不幸

某任首相曾经高呼要建立"让女性能闪耀发光的社会"。但是我认为，政府应当首先让女性能够"自立"，而不是一味地追求"发光"。

在日本，婚姻常常被认为是一种终身职业，女性通过结婚来维持自己的生活。

爱情是非常美好的东西，虽然我也相信爱情，但是我个人认为，对于女性来说，婚姻的价值不是"爱"，而是"户口"。

没有什么比户口更能让女性着迷的东西了；同时，也没有比户口更可怕的东西了，这就是日本户籍制度的现状。

一方面，被当作猎物的老年男性中，很多都有一种被狂风摧残过的悲壮感，他们的寂寞光从走路姿势就能看出来。这样说可能有些失礼，日本的男性似乎都是通过和女性接触来感受无上的

> 独居颐养天年

幸福与喜悦。男性都喜欢和女性有肌肤之亲，这点令人难以置信。

另一方面，日本的女性就算处于单身状态，也很少有人会主动寻求和男性结合，更不用说再婚了。如果我说女性只是渴求男性的经济实力的话，可能有人会反驳我吧。

但是男性就像完全没有从女性那里吃过苦头一样，至死都在追求女性。尤其是那些长期没有女人缘的男性，他们只要被年轻的女性温柔对待，就欣喜若狂，任人摆布。

我说男性的不好，好像说得有些过了。不过基本上，日本的男性大都对女性温柔又痴情，这句话不是在奉承他们。

所以，每天过着孤独的生活且从来没有过怦然心动的老年男性和需要金钱的女性之间，就通

第一章
越想逃避孤独，越容易变得不幸

过"户口"达成了交易。

80岁的隆司走到了自己人生的尾声。如果我站在他的立场来解释他的心情的话，他大概在想：被骗了也没关系，只要能和这个女人在一起就好。将她的户口迁到我这里，让她开心，每天能够紧紧抱着她，这就足够了。

哪怕只是暂时的，就连在不在一起睡也无所谓，他宁可选择和能够温暖相拥的陌生女性同居，也不愿和年逾七十、啰里啰唆的妹妹正子一起生活。

说到在不在一起睡都无所谓，我想到了一件事。2018年5月，发生了轰动一时的和歌山某富豪（俗称"纪州的唐璜"）横死事件。

在这起事件中，古稀之年的董事长娶了20多岁的妻子后不幸身亡。这就是孤独的男富豪与只

> 独居颐养天年

图他财产的年轻女性之间的婚姻,这种婚姻表面上给人一种孤独是可以用金钱来排遣的错觉。这起事件也告诉世人,无论你多有钱,孤独都是无法治愈的。

● 明知对方图的是他的财产,他也愿意和对方结婚

这里,我再讲一位老年男性的故事。很明显,同他领证结婚的那个女人,是因为看上了他的财产才接近他的。为什么我会知道这个案例呢?是那位男性的女儿(65岁)告诉我的。

她的父亲五年前失去了妻子。虽然他很有钱,但是似乎有一些对子女难以言说的寂寞,所以妻子死后,他就开始跟一个20多岁、身份不明的年轻女性交往。

第一章
越想逃避孤独，越容易变得不幸

得知这件事后，女儿每次到医院探望他时，都会嘱咐道："爸爸，可以和女性交往，但不要和她结婚哦。"但是父亲的那位恋人一直求着他说："和我领证结婚吧！"她父亲也不能一直对她说"不"，最后只好依了她。结果，领证以后，她就再也没来照顾或探望他了。

那以后不久，她的父亲就过世了。作为继室的那个女人，拿走了法律允许范围内所有属于自己的财产后消失了。这样的案例，最近我经常听到。

人都是孤独的。尽管人退休前因为忙碌，可以不用直面孤独，但是当老了以后住进医院，或是生活在护理机构，只能看着白色的天花板时，孤独之感就会涌上心头。

这时，如果出现一个天使般的女性，温柔地对待他，那么他就很容易任由她摆布。

> 独居颐养天年

不过，只要自己得到哪怕是一瞬间的幸福也很好，其他人对此是没有资格说三道四的。总之，孤独的老年男性一定要看好自己的户口本。

第一章
越想逃避孤独，越容易变得不幸

从内心接受孤独，就能安享晚年

● 德国人大多晚年活得很快活

有一件事是毋庸置疑的，世界上无论哪个国家的人，尽管寿命长短有些差距，但肯定都会老去。现在走路带风的年轻人，最终也一定会变成老人。

不过，我在欧洲参观老年福利设施时发现，就算都是老人，各个国家之间也还是有很大不同的。

这个现象可不可以单纯用狩猎民族和农耕民族的差异来解释呢？我不太确定。不过我感到，没有任何一个民族像日本人这般害怕孤独。

独居颐养天年

事先声明,我认为日本人的优点多到罗列不完,我在外国时,总是为日本优秀的文化感到自豪。不过每次我去欧洲都会深深感到,那里几乎没有像日本人这样缺乏自我意识的人。虽然我只去过欧美国家,但是在我看来,欧美国家的人并不像日本人那样试图逃避孤独。

为何日本的老人看上去总是很寂寞,现实中也被迫过着孤独的生活呢?我在街上散步时,观察了一下住在附近的老人,发现大家走路时都在看着地面。

他们挂着拐杖,大概是去买菜吧。这些走在大街上的老人,脸上没有一丝笑容,阴沉的脸色配上黯淡的衣服,也不和任何人打招呼,在我看来只是苟且活着。

我不禁脱口而出:"啊,我不想这样!""人

第一章
越想逃避孤独，越容易变得不幸

老了不好过呀！"

然而在欧洲，坐在公园长椅上的老人却是和颜悦色的，没有一点儿日本老人的那种寂寞感。他们虽然也拄着拐杖，但是大家都笑容满面。我本以为他们是因为拥有幸福的家庭才会这样，结果发现，譬如在德国，大部分老人都是独居的。

为什么他们的老年独居生活过得就很快活呢？我深挖了一下背后的缘由，结果得出了我刚才提及的那个结论——这是拥有"自我"与没有"自我"之间的区别。

在德国，人们从小就被教育，要自己思考，自己做决定。日本孩子的人生轨迹大多是由家长决定的，德国孩子的人生轨迹则让孩子自己决定。

众所周知，在德国，大部分人10岁左右就确定了自己的人生轨迹。从事管理岗位的人大都毕

> 独居颐养天年

业于综合大学，想要进入那里，需要考入文理中学（教育机构的一种）；目标是职业高中或职业大学的人就上职业学校；不上大学的人就进普通学校。无论是哪条路，都决定了你今后的奋斗方向，而且上哪所大学，也完全基于孩子的个人能力。在德国，医生的孩子不一定还当医生。此外，德国和荷兰都有"孩子到了18岁就离开家，开始独自生活"的习惯。无论家境多么殷实、住的房子多么豪华，孩子到了18岁都要学着自立。

也就是说，在德国和荷兰，很早就要求孩子作为独立的人实现自立。在这两个国家，青少年到了18岁，便被要求作为成人独自生活。

因为这样，所以人们很早就要学会思考、选择自己要走的路，在社会上不得不独立生活，所以他们从童年便开始学习和适应孤独。

第一章
越想逃避孤独，越容易变得不幸

在德国，所有人都认可"人生来就是孤独的"这一理念，他们深知"自立"与"孤独"是一体的。

对于那些在生活中把一切都委托给他人，自己从不做决定的人，我想说说他们与自立的人之间的差别——毫无个性、无法自立的日本人，害怕离群索居；而一直坚持自己做决定的德国人，则秉承着"人生来孤独"这一理念，很容易就能接受孤独，愉快地生活下去。

我就这个问题问了一位住在德国的朋友，她听罢笑道："我在德国从来没有见过感慨自己很孤独的老人，日本的老人不明白'人生来孤独'这一道理，即使他们的学历再高，最终也没能悟透人生。"

第二章

人到晚年,享受孤独方能幸福

第二章
人到晚年，享受孤独方能幸福

与孤独和解后，我获得了幸福

● 我也曾试图逃避孤独

可能因为日本是个讨厌孤独的民族，所以总是片面地认为独自一人必然寂寞。虽然最近这种状况有所好转，但我以前也总被人问："你一个人不寂寞吗？"

事实上，30多岁的时候，我确实挺寂寞。周围的人基本上都结婚了，组建了新的家庭，而单身的我还在独居。即便有单身同盟，他们也很快改变了立场，说结婚就结婚了。之前明明还互相鼓励，婚后就开始若无其事地劝我："一个人不容易啊！你不寂寞吗？"这么看，我们也只能算是

> 独居颐养天年

互相舔舐伤口的朋友。

单单回头看一眼30多岁的自己,我就不禁要打个寒战。明明已经30多岁了,我却不知道自己该如何生活,总处于彷徨之中。在那个年代,大约90%的人都会结婚,只有我,人生目标未定、远远落在人后,那时我的这种感觉十分强烈。没有丈夫,没有工作,没有钱,集"三无"于一身。我每天都在责问自己:我算什么?我那么蠢吗?我就这么老去?这就是我的人生?每一天,我都会被孤独压垮。一到夜里,我就会莫名其妙地掉眼泪,看到铁道口就有一种想卧轨自杀的冲动。

那时候,我外表打扮得十分靓丽,内心却非常脆弱。就好像气球,针一戳就立刻干瘪下去。也就是在那段时间,我为了填补空虚,和一些无聊的对象交往。虽然两个人在一起了,我的孤独

第二章
人到晚年，享受孤独方能幸福

感却丝毫没有得到缓解，尽管这样，我还是选择成双成对地出入。

　　人在成年后，就会变得现实。为了逃避孤独，做出妥协选择结婚的人不在少数。不，甚至很多人连孤独的滋味都没体会过，就已经步入了预设的人生轨道。那个时代单身的人不多，和现在的社会背景大不相同。回首自己30多岁时的往事，我甚至觉得大概没有人比我更孤独了。

　　在那样的孤独中，我竟然出了书，成了一名作家，只能说这是一种奇迹。肯定是孤独之神看不下去了，出手助了我一臂之力吧！

　　幸运的是，我四五十岁时，工作很忙，每天过得都很充实，也就没有空闲思考孤独了。有住房，有工作，也有了一定的积蓄，还有朋友。我并非一心要当作家，但是通过写作，我在经济方

独居颐养天年

面实现了独立。

● **当你将孤独视作朋友时，它就是可靠的存在**

然而，花甲之年后，尘封已久的孤独又冒了出来，连我自己都很惊讶，心田吹拂起寂寥的微风。我担心，自己虽实现了独立，现在60岁，一切还好，但再往下走，还能不能有尊严地活着呢？独自一人度过晚年生活，是否没有我想象的那么简单？慢慢地，我有了这样切身的感受，而且眼前的现实也活生生地告诉我，独自一人度过晚年生活并不容易。

除了属于自己的这套房子，我还曾经打算租一间公寓，却被房地产公司拒绝了。理由是，我60多岁了还在独居。我好像脑后吃了一记闷棍。我自己本打算做到独立，但显然社会并不承认。

第二章
人到晚年，享受孤独方能幸福

没有孩子的人，老了就得受这种待遇吗？如果继续衰老下去，我不知道自己还要遭多少白眼呢！我没有家人，人家就觉得我孤身一人。不过话又说回来，我本来也是孤身一人。

60多岁的我，一直在寻找如何直面孤独，并与之和睦相处的方式。我认识到信仰的必要性，于是我常去寺庙参拜。

后来，我终于迎来70岁大关，真正进入了老年人的行列。这时，我对孤独的恐惧已然变成了一种热爱孤独的心境。正如乔治斯·莫斯塔基在《我的孤独》里唱的"将孤独变成朋友"。

想清楚这一点，我开始不再需要他人。这一转变令我自己都感到吃惊。以前，因为没有伴侣，我会感到寂寞，看到别人一家人在一起，我会羡慕他们，但现在不会了，不仅不会，甚至完全颠

> 独居颐养天年

倒过来，我发自内心地感慨：一个人挺好！

虽然现在我也有关系很好的女性朋友，但我并不觉得我们会一辈子都在一起。能相伴下去当然好，不能也没关系。我们常常结伴去参加活动，气氛总是很热闹，就算其中没有什么特别亲近的人，这种程度的社交关系对我而言也足够了。

以前明明迫切希望身旁有人陪伴，现在已经转变成了没有人也无所谓的心境，我真想夸夸自己。

另外，因为不需要依赖别人了，我对人也温柔了一些。一个人的时候，不放音乐，安静地在家待着，内心就能获得平静。据专家说，70多岁是身体最稳定的年龄段，从我的体验来看，这一年龄段的人精神上也同样平和。

第二章
人到晚年，享受孤独方能幸福

做个独居老人也无妨，自己幸福就好

● 老人会为孤独地老去而感到不安

许多人打电话到"SSS"的秘书处，询问我们这个组织的相关情况。以前来电的多是精气神儿十足的单身女性，她们表示想入会。但最近，不知是否因为高龄人群增多，越来越多的人开始向我们致电，诉说自己晚年的不安。

"我今年69岁，孤家寡人一个，也没什么朋友。要是进了'SSS'，是不是就可以交到朋友啊？"电话那头的匿名人士声音低沉地说。

还有来自家庭主妇的倾诉："三年前，我丈夫去世了，突然只剩我一个儿了，冷清得不得了。

独居颐养天年

万一我有个三长两短,也没人能帮我。虽然我有孙子,但他每次来都是向我要零花钱的。这样下去,我一个人可怎么活下去啊,真愁人!"

最近打来电话的老年男性也逐渐增多。但我只能以"SSS"的成员都是女性,恕不接待为由婉拒他们。有人听了,立刻发起火来:"那男性怎么办?我们也很困扰!"这时我就会想:确实,有可能男性比女性有更复杂的问题,但我没有照顾动不动就发火的男性的胸怀,庆幸自己当初创办的是"女性组织"。

我在秘书处工作时,切身感受到在长寿大国日本,老年人担忧的事情已从墓地、葬礼等问题,转移到了"孤独老去"上面。老人们做着各种终老准备,比如,坟墓、葬礼都定了,也想好了不接受延命治疗;接下来出现的问题就是,对成

第二章
人到晚年，享受孤独方能幸福

为孤独老人感到不安。

在自己的房子里，靠着养老金生活，还有一定存款，可以说是经济上没有担忧的幸运老人了，但他们还是感觉不幸福。对此，我也能理解。

然而，孤独的老人就真的是寂寞的老人吗？应该也有虽然孤独但幸福的老人。

● 独居老妪，三年不曾踏出房门一步

有位叫良子（化名）的91岁单身女性住在四国。我是去四国举办"SSS"会员发展大会时认识她的。当时84岁的她给我留下了干净得体的印象。因为她是参加会议的人中最年长的一位，所以我对她印象深刻。关于她的故事，我在我的另一本书《观察记录：母亲怎样老去》中也曾讲述过，这里再给大家介绍一下。

> 独居颐养天年

良子的老家在九州，之前她一直在家里帮忙，父亲去世后，她好似逃跑一般，一个人搬到了四国。其余的经历她没怎么提及。但因她一个人住在独栋别墅里，所以我会特别关注她一些。

有一天，我问良子："您一个人生活没问题吧？"她笑着回答："哪天要是我不再送伊予柑来，您就当我出什么事了吧。"每年到了伊予柑收获的季节，她就会送些新鲜的伊予柑过来，工作人员也就可以借这个机会和她聊聊天——通过伊予柑确认她是否平安。

然而某年年关将近，我注意到今年的伊予柑还未送来。我打了几通电话、写了几封信，都没有回音。难不成……我有种不好的预感，于是我和其他同事立刻乘飞机前往四国。

我们知道她的住处，所以只能进行一次"突

第二章
人到晚年，享受孤独方能幸福

击家访"。她还住在那儿吗？她还健在吗？我们来到她家门前，那是一幢气派的二层小别墅，但毫无有人居住的气息。门上着锁，我们大声叫她，也没应答。从窗帘缝隙往里望，屋里漆黑一片。

我们先向她的邻居打听了一下。人家说："老太太在呢！"我们推了推窗户，只有一处开着，于是未经许可，我们进了她家。冷冰冰的四壁，屋里一片死寂。我想着，好不容易花钱坐飞机过来一趟，要一间屋一间屋地打开看看。此时，我注意到厨房边上的推拉门里，隐隐透出一点亮光。

我战战兢兢地伸手拉开门，出现在眼前的是个仿佛在《漫画日本传说》中远离家乡独自生活的老太太。7.3平方米左右的房间里开着电暖炉。在电暖炉前面坐着的不正是憔悴不堪的良子吗？她头发蓬乱，形容枯槁，身子还不停地颤抖。虽

> 独居颐养天年

然很不礼貌,但拉开门的一瞬间,我还是惊叫了出来。

"有人!!"

"良子女士,良子女士,我是东京的松原啊!还记得我吗?"我试探着靠近她。她愣了一会儿,好像慢慢恢复了记忆,呆滞地看着我:"从东京过来的?"我们慢慢说着话,她苍白的脸上才逐渐恢复了血色。

令我们震惊的,不只是她这副闭门不出的样子,更是**她竟然三年从未踏出家门一步**。据她说,自己并非不能走路,只是害怕出门。

我们问她吃饭怎么解决,她说:"好像有人送来。"也不知道是不是委托了别人。我追问了一阵,可能是因为她有些痴呆吧,回答得不明所以。

我又问:"你朋友呢?"

第二章
人到晚年，享受孤独方能幸福

"我没有朋友。"这句她倒是答得很干脆。我想起之前见她的时候，她也说过"没朋友也所谓"。

矮脚桌的旁边，放着吃了一半的紫菜寿司卷和橘子。我用名侦探柯南般的慧眼四处搜寻线索——日历还停在几个月前，除此之外什么也没发现。

我很在意她的经济状况，于是问她："您的钱包是怎么保管的呢？"她只说："我这人粗心大意，钱包碰都没碰过，好像有谁帮我管着。"但也说不出是什么人。或许有人做了她的监护人，那些饭菜或许就是监护人随便拿便利店现成的东西糊弄她的。我心想：那个人要是个好人还好，可别是冲着她的财产来的。

难道是一个充当监护人的非营利组织？还是……最近，老龄化社会中独居现象增多，没有

> 独居颐养天年

孩子的老人也越来越多，因此，瞄上那些没有法定继承人的孤寡老人的财产的犯罪案件也日益增多。像我这样没有孩子的人，有些时候不得不找专人管理财产，此时应运而生一群从事家业代理工作的人。我并不是说他们一定是坏人，只是这些人极度危险。

照我的想法，这类牵扯到财产的工作，本该由民间非营利组织去做，但现实是，找不到这类组织的话，就只能找个人了。

对于年轻的单身人士而言，这件事不是什么大问题。但对于像良子这样过了90岁，无法照顾自己的单身人士，这件事就是个大问题。

眼前，良子疲惫地瘫坐着。老后独居的惨状就这样展现在我的面前，让我感到害怕。但转念一想，良子又是如何持续度过好几年这样的生活

第二章
人到晚年，享受孤独方能幸福

的呢？她身体羸弱，认知也出现了问题。她看起来不像是没钱的人，应该是有钱去住养老院的。但她为何要在自家的一间房子里，灯也不开、谁也不见地独自生活呢？

这对我来说难以理解。

于是我问她："良子小姐，没有什么不方便的地方吧？一个人很寂寞吧？真的不要紧吗？"

不料，我从良子嘴里听到了一个意外的答复。

"你说寂寞？我可一点都不觉得寂寞。一刻都没觉得。我虽然没有朋友，也没有认识的人，但一点也不寂寞。"说着，她笑了。

也是，感到寂寞的话，可能就不会过这种日子了。正因为不觉得寂寞，她才得以把这种生活状态维持好几年，不是吗？

独居颐养天年

● 是否幸福，决定权在自己手中

这时，我彻底改变了自己一直以来的固有观念。仅根据"老人""独居""患病""不和邻居交往"这些标签，就断定一个人寂寞，是很片面的。

不管在旁人看来你的生活条件多么恶劣，只要你自己觉得幸福，那便是幸福的。幸福有多种定义，仅凭一些条条框框就一口咬定"这人很寂寞"，这才是错的。我从心底做了反省，不能把自己的价值观强加给别人。

回家的路上，我去了趟市政府的福利科，打听了负责良子的民生委员的电话号码，想问问她的状况。

接电话的是位亲切的大叔。据他说，去看望过良子一两次，但后来她家里的人告诉他："别再来烦良子了！"自那以后，他就有所顾虑，没再

第二章
人到晚年，享受孤独方能幸福

去过。

伊予柑已经很久没有送来了，不知如今良子过得怎么样？

"SSS"的年会费也还没有交纳，但我决定不再更深地介入良子的生活了。只要她自己舒心，就足够了；在禁闭室一般的房子里独自住着，或许对她来说也是一种幸福。

独居颐养天年

即使没有家人，一个人也可以很幸福

● 兄弟姐妹这些血亲会和你争夺遗产

奈绪美（化名）是位64岁独自住在东京都世田谷区某独栋住宅的未婚女性，在家照顾母亲8年。她有兄弟姐妹，他们也都成家了，但都不管父母，最后照顾父母的事情，就落到了这个单身女儿身上。这就是日本照顾老人的现状。曾经，照看老人的工作本由儿媳来承担，然而现在的三口之家一般不与父母同住，再加上单身女性越来越多，于是与老人住在一起的女儿，开始承担照顾老人的任务。

我并不是要在这里对女儿给父母养老一事提

第二章
人到晚年，享受孤独方能幸福

什么意见，但是管理单身女性团体的时间长了，我就觉得，很多人们不愿做的护理工作，其实都推给了这些女性。

当我听说奈绪美的母亲去世时，我想：虽说她不必再照顾老人，得到了解脱，但对于没有自己小家庭的她来说，毕竟变成了孤零零一个人，精神上肯定受到了打击。我犹豫不决，不知该如何安慰她。不料她却这样说：

"我也会不时想起母亲，但从没有很孤单这种想法，而且完全不曾有过。"她露出了发自内心的笑容。

是这样吗？我没有经历过，也不能理解，但我能感受到，她说的是真心话。

没有丈夫，没有孩子，又没了父母，只有关系不睦的兄弟，但是他们结婚以后，有了自己的

> 独居颐养天年

小家庭，就顾不上老人了。人一结婚，自己的小家庭就是第一位的。要是兄弟姐妹全是单身，并且和睦，情况就会不一样。

"有兄弟没兄弟一个样。他们既不发表意见，也不肯掏钱，更腾不出时间，唯独争夺母亲财产的时候，一个个都伸手来拿自己那份。"

"这就是兄弟。"奈绪美笑着说。

● **形单影只的人未必寂寞**

奈绪美的母亲从去世到现在，已将近三年了。我问她心境有何变化，她满脸轻松地说道：

"人们都认为，只剩我自己一人孤零零的，很寂寞，但我确实不明白他们的这种心情。之前我一直和母亲住在一起，所以从某种意义上说，这是我第一次独居。我由衷地觉得，原来一个人待

第二章
人到晚年，享受孤独方能幸福

着这么好啊！周围没人，也会有种快感。一个人的精彩之处就在于自由自在，我确实感受到了。所以，现在是我最幸福的时光！"

我边听她的话边想：独居是寂寞的，还是自由而精彩的？我们日本人一直以来，不知道从何处被灌输了"独居即寂寞"的观念，很多人甚至并不知道独自一人的精彩之处，就已过完了一生。我也时不时会因突然出现的孤寂而动摇，所以听了她如此爽快的话，感觉自己也收获了不少勇气。

觉得一个人寂寞，可能缘于内心渴望他人的陪伴吧。只要不希求他人在身旁，一个人待着，就不会产生寂寞的感觉。奈绪美让我重新意识到了这一点。

人在年轻时动不动就觉得寂寞，难道不是因为渴望他人、试图用他人来填补自己内心的空虚

> 独居颐养天年

吗？随着年龄的增长，没人在身边，独来独往，其实并不寂寞，反而有种不被束缚的解脱感，这种解脱感也是只有到了那个岁数才能品味到的一种感觉。

40多岁时，我对自己的人生导师坦言："一想到要独自度过晚年时光，我就心里不安。"结果，导师笑着对我说："哎呀！你还是个小姑娘，所以不懂！实际上，没有家人和亲戚，人才是最幸福的。"

"为什么呢？"我一时不能认同。

导师笑着说道："没有什么比家人更麻烦的了。我的愿望就是，早点变成一个人。现在婆婆已经去世了，就剩我丈夫了，或许距离他去世那天可能还很遥远。当然，我很尊敬我丈夫，但什么都比不上独自一人自由精彩，这是不争的事实。"

第二章
人到晚年，享受孤独方能幸福

人是最麻烦的，无法切断的血缘关系最让人心累，我们好不容易可以一个人自由自在，那就"独步前行，自由生活吧"。这是她教给我的道理。当时我还年轻，没有完全理解，但时至今日，我深深理解了其中的意味。"他人"可以使自己的人生熠熠生辉，但更重要的仍是"自由"。

> 独居颐养天年

让老年生活充实起来

● **尽量不要待在家里**

阿守（化名）今年70岁，曾是公司职员，妻子是家庭主妇，现在两人一起生活，他可以说是靠着养老金活得悠然自得的一类人。他有个已婚且当了妈妈的女儿，还有个单身且从事自由职业的儿子。

阿守并没有透露太多，因为家家有本难念的经。他过着羡煞旁人的晚年生活，然而，他的家庭生活好像并不那么惬意。退休之后和妻子的生活，是他烦恼的源头之一。

"退休后，他和妻子两个人待在家里，简直太

第二章
人到晚年，享受孤独方能幸福

难熬了！她看起来也不好受，毕竟这个家之前是由她一个人做主的。"

最开始的两年，阿守尽量不待在家中，转转图书馆，看看电影，消磨一下时光。后来，他还是难以忍受，听说他最近做了个决定，转变思维——不再消磨时光，而是享受独处的时间。

"好不容易拿到了养老金，又有大把时间，我干脆去做一些热爱的事情吧。"阿守转变了思维。他和妻子本来就话不投机，更不可能说什么心里话。

阿守想起学生时代自己曾是登山社团的一员，想起曾经独自爬山的那些日子，于是他决定买本旅游指南，走遍全国所有向往的山脉，到想攀登的山峰上留下自己的足迹。对于有的地方，也许得离开家一两周，这对妻子来说，正好有

> 独居颐养天年

了独处的时间,这种生活方式对两个人来说是"双赢"。

回到家就看到妻子,往往会让丈夫觉得压力很大。这么说可能有些不近人情。在和母亲一起居住时,我明白了一件事:下班回到家,跟家里人打招呼时,身为一家之主的母亲总是在家,这是一种沉重的压力。而这无关好恶,只是个人的主观感受。

作为旁观者,我以为,夫妻总被期待着出双入对,其实很难做到。可能有人会享受两个人黏在一起的感觉。但对于男性而言,两个人窝在小家里,可能是难以忍受的。原本是自己的家,却无法独处,实在痛苦。原因在于,两个人虽是夫妻,毕竟也是不同的个体,无法完全融为一体,我是这么理解的。

第二章
人到晚年，享受孤独方能幸福

基于上述理由，我建议男性退休后，应远离家庭纷争，享受独处的时光。

只属于自己的时间，即不被任何人束缚可以独处的时间。漫步山野也好，临摹风景也罢；外出旅游、写写俳句也好，做些木匠活儿、手工活儿也不错。不如像当初在公司上班一样，投入同等的时间，找到可以沉浸其中的兴趣爱好。

无论你和对方多么相爱，只要跟人在一起，你就无法体会独处的妙处。如果经济上还算富裕，或者已经给孩子留够了财产，那么把一些钱花在创造独处条件上也是可以的。

是选择顾及妻子的情绪，终日无话可说，在沉默中死去；还是选择在余下不多的人生里，重返少年，不听他人评判，做些自己喜欢的事情呢？怎么想都觉得后者更好。

独居颐养天年

想在家搞创作的人，找个不为人知的小屋，作为自己的隐居地，如何？最近有很多空房子，很便宜就能租到，几乎相当于不要钱。我有个熟人就租了附近的一间空房，埋头于他最爱的书法。享受孤独的方法因人而异，但究竟去不去享受，也因人而异。

时隔一年，我在前些天见到了阿守。看起来，他十分享受独处的时光，与之前判若两人，精气神儿十足，他夏天还打算在暑期补习班做志愿者。他那晒黑的脸庞，就像发现蚱蜢的少年一样，散发着光芒。

第二章
人到晚年，享受孤独方能幸福

孤独才能孕育艺术

● 孤独才能使人潜心创作

依稀记得，在电视节目《彻子的房间》中，女演员中村明子曾谈到演艺界前辈山田五十铃。明子当时说的一句话，至今仍鲜明地刻在我的脑海中。那是山田五十铃对神津五月的忠告。

"所有艺术家，包括女演员在内，一有家庭就完了。因为有了家庭，就有了要守护的东西，无法全身心投入工作。真正的艺术家应该保持孤独状态。"

听了这番话，已为人妻的明子表示强烈赞同。她意识到十分重视家庭的自己，其实并不算一个

> 独居颐养天年

真正的演员。

明子还认为，我最喜欢的艺人太地喜和子是一位真正的女演员。她那精湛的演技，没有体会过孤独的人是演不出来的。明子说，这就是自己和她大不相同的地方。

那时，我如梦初醒般地意识到孤独有多好。**敏锐的感性从不出自平静的日常生活。**

众人皆知的伟大艺术家米开朗琪罗、达·芬奇，都是独来独往的。我举的例子或许过大了，但不处于孤独中，艺术就无法诞生，不论多小的艺术，哪怕是写生、写诗、写字、做手工、玩乐器……

别说什么"我都这个岁数了"，在这个人可以活至百年的时代，就算现在80岁，也还有20年以上的时间，所以就算现在开始也不晚。

第二章
人到晚年，享受孤独方能幸福

如果喜欢画画，就先定个目标，进入"二科展"（公益社团法人二科会主办的绘画、雕刻、写真展会）。

如果喜欢拍照，就去追随岩合光昭的脚步，一个劲儿去拍猫，先把拍摄对象限定在猫上，偶尔去猫岛住上一阵。

如果喜欢读书，就从图书馆书架一头开始，挨本阅读，写写书评，争取当个评论家。

如果喜欢吃拉面，就走走停停，吃遍全日本的拉面，再出版一本《大叔的拉面日记》。

对，就是这种感觉。对他人没有需求，只沉迷于自己喜欢做的事情，便会忘记孤独。

也就是说，对于每天都是节假日的退休男性来说，他们是具备成为艺术家的条件的。

首先是时间。拿养老金的这些人，可以自由

> 独居颐养天年

支配自己的时间。

其次是资金。不用工作，就可以拥有养老金这笔收入。

最后是健康。就算视力衰退，但凭自己的力气，也还能活动。

具备以上三点的老年人，现在"启动"自己的爱好正当时。

意识到孤独是老年人的"好朋友"，我就想带着这位朋友，潜心于自己热爱的事情。这里我想强调的是，并不是做些热爱的事情，而是"潜心"其中。"潜心"是精髓。

顺便一提，我写完这本书后，打算潜心创作歌曲。可能赶不上今年的《NHK红白歌合战》了，但还有下次，我有预感，我作的这首曲子能给全日本带来活力。其实并没有人找我写歌，这只是

第二章
人到晚年，享受孤独方能幸福

我自己的想法。不过，这并不重要。

为什么这么说？因为独自潜心做事的时候，对我来说才是最幸福的时光。正因为老去，正因为一个人，才有很多可做的事。

我希望自己不再需要他人，只专注于自己内心的世界，过上最幸福的晚年生活。

> 独居颐养天年

能享受孤独之人，住在哪里都能幸福

● 与其担惊受怕，不如让生活充实起来

在当今日本，让我感叹竟有人过着如此幸福的晚年生活的，是所乔治主持的电视节目《孤零零一座房》。我并非每集都看，但当一个人吃晚饭，换台时常能遇到这个节目。

近些年的电视节目无聊透顶，综艺也净给人看些粗俗的笑话，NHK也不再拍让人受用的纪录片了。真是没什么看头。竟然还要收费，可见这个国家将走向何方了。

《孤零零一座房》这个节目，从卫星照片中定位大山深处孤零零矗立着的人家，再顺着路找到

第二章
人到晚年，享受孤独方能幸福

那里，甚至可以发现深藏山野、道路不通的人家。住在那里的人没有邻居，唯有自然相伴。

在那种深山小屋里住着的，大多是老人。据说从前那里也是村落，可日子一天天过去，孩子们一个个走出去，结婚生子，不再回来。慢慢地，就只剩夫妻两个人了。老夫老妻就这样在那里生活。被发现之后，电视节目组就来采访他们。

记者反复问："住在这种深山老林中是不是很不方便？"然而，在孤零零的房子里生火做饭的两个人却无比幸福。

他们生活在那里，并不追求方便。这对夫妇腰都挺不直了，在城里人看来，居然能在无人帮助下生活这么久，真让人惊叹。但于他们而言，生活就是相亲相爱、互相扶持而已。

记者在采访独自住在山间小屋的一位男性

> 独居颐养天年

时，又问了一些愚蠢的问题："你生病了怎么办？"他是不是觉得没有医院，老人就没法活了？这个记者真是被城市荼毒太久，把自己的生活方式奉为准则了。唉，一点儿想象力都没有！

人并不是为了以防万一而活着，而是为了享受生命中的每一天而活着，不是吗？

能在无人问津的大自然中活得很好的人，是明白孤独之妙的人，并且是会在生活中品味孤独的人。在安静的环境中，不为烦人的人际关系所累，常与自己对话，生活在这样的环境中的人，肯定内心也十分平静。

所谓的幸福，并不是和谁在一起，或者和谁心意相通，而是能够享受独处的时光。

我就这样一边看节目，一边羡慕深山里独自生活的人们，但你要问我愿不愿意去那里生活，

第二章
人到晚年，享受孤独方能幸福

我觉得恐怕不行。因为我还没达到那个境界，我喜欢一群人聚在一起，说着别人的"坏话"，喝着廉价的红酒，高谈阔论。我最幸福的时刻，就是在这略显肮脏的都市里，和有着相同价值观的朋友批判社会、天南地北地聊天。

热爱孤独的人内心并不慌张，反而平静而淡然，对他人也很温柔。真正幸福的夫妻生活可能是两个人互相扶持，不加矫饰，真诚相待地经营生活。我认为，在物欲横流的大都市，人们都冲着钱去，想拥有幸福的夫妻生活是比较困难的。

第三章

独居的人更能自己做主

第三章
独居的人更能自己做主

不要为了晚年的不安做准备

● 晚年的不安越想越多

　　政府和媒体就像站在流动宣传车上的政治家一样，高呼"活到 100 岁不是梦想"。现在，人的寿命越来越长，这当然是件好事，不过这样一来，人的晚年是不是变得更长了呢？这点又很令人烦恼。晚年越长，得病的概率就越高，接受护理的时间就越长。仔细想想，可以说一个令人恐慌的时代正在逼近。

　　伴随着人们寿命的延长，晚年独居的人数也在激增。老伴过世、子女不孝，想到最终还要孤身一人度过晚年，就感觉必须做些什么准备，这

> 独居颐养天年

也是正常现象。

在"SSS"的会员中,有许多人称自己对晚年感到极度不安。"我自己一个人,生病了怎么办?""我倒在家里时,谁能帮我联系医院的人?"

虽然我想说,那种事我怎么知道,但我也不能完全不理会这些人的想法,于是只能敷衍她们几句。说起这些事情,有时我很恼火。

如果对独居生活感到那么不安,趁年轻还能找个好对象,赶紧结婚好了。为了让晚年生活更保险一些,嫁个自己不喜欢的人也行,但是选择单身生活的人,不正是你自己吗?

有个会员向我倾诉她的不安。"现在重新开始也不迟,赶紧结婚吧!"我严肃地对她说,结果她却十分认真地摇了摇头说:"不行啊,到老了我还得照顾对方。"这种过于自私的想法实在令人

第三章
独居的人更能自己做主

吃惊。

　　单身的人就算老去，也绝对不能害怕。这么说可能有些冷酷，既然选择了独自生活，又希望他人能够帮助自己，这种想法从根本上就是错误的。

　　一旦开始感到不安，那么无论做什么，都无法消除这种不安。

　　比如，可以装一套西科姆或者其他安保公司开发的人体运动感知装置，应对突然倒在家中的情况。一般这样做就可以安心了。不过那些有焦虑症的人，又会担心自己在传感器感应不到的地方倒下该怎么办，我只能佩服这种人充满了强大的想象力。甚至有人会将医院名称、联络人、放社保卡的地方，都写出来贴在房间里。

　　就算我试图缓解她们的不安情绪，她们也不

> 独居颐养天年

会买我的账。

只要自己感觉不安,不安就会如影相随。我认为缓解晚年不安的方法,不是做好万全的准备,而是不要将晚年视为一种不安,这比安装传感器重要得多。那些有焦虑症的人无法想通这一点,对此我感到很遗憾,但也无可奈何。在日本,感到不安的人太多了。

这类人大概除了自己的健康,找不到其他能关心的事情。如果转而关注自己喜欢的事情,就应该能从这种不安中解脱出来了。

第三章
独居的人更能自己做主

独居的人可以自己决定去不去医院

● 被家人过度关心，有时也会被送入医院

当与人聊到生病的话题时，她们听说我从50多岁开始，就不去定期体检，对于自己现在是否有疾病也不知道后感到非常震惊。日本的男性特别喜欢定期去体检，可能是他们缴纳了太多的社保费，所以想回一些本，或者单纯就是做公司职员时养成的习惯吧。有一个人很严肃地劝我："还是去定期体检比较好。"

"松原老师，你不体检，就仗着自己身强体壮度过一生也没问题，但是现在你不是一个人，你是我们这个团体的会长。如果你生病了，大家会

> 独居颐养天年

很为难。所以这样不行,你还是早点去体检吧,我可以带你去。"他是一位非常喜欢体检的公司老板,喜欢到几乎每个月都去。"检查后知道身体健康,心情就会非常好。"他热情地邀我同去。

感觉他都要拿绳子拖着我去体检中心了,我又不是一头牛。我很感激在这个世界上还有个男性如此关心我这个单身老太太的身体健康,但我很不识趣地将他拒绝了。

我回答道:"谢谢你担心我的健康,但是我不想检查身体,我希望自己能够自然地老去。"他可能怎么也想不到,这个世界上还有个"自然派"的人,于是面露愠色。

我本来可以不去较真,说句"好的,过一阵吧",含糊其词地把他打发掉。可能还是因为单身的缘故吧,我就直截了当地拒绝了他。我是不会

第三章
独居的人更能自己做主

因为大家都做某件事而随波逐流的。

为了预防重大疾病,他的家人也经常体检,简直就像去野餐一样随便。在这件事上,他作为一家之主,恐怕对家人的影响很大。

作为单身者,我自己的身体能够自己做主,这一点还是很好的。我并不是说有家人不好,但有时家人确实是在多管闲事。

"我很惦记你""我很担心你"……他们会以爱的名义,将自己的价值观强加于你。

比如,你感冒卧床休息时,家人就会催你快点去看医生,一点儿也不尊重你的意愿,非让你去医院。如果你说自己腰疼,他们就会让你去看骨科,然后把你塞到孙子的汽车里拉走。

人们常说,现在是每两个人中就有一个人患癌症的时代。但同时又说,只要接受乳腺癌筛查、

> 独居颐养天年

肺癌筛查、宫颈癌筛查，若在早期被发现，就能治好。对此，我是持怀疑态度的。

最近的电视广告，都在宣传早期诊断的好处，我都怀疑背后的赞助商是不是日本医师会。"亲爱的，听说人过六十就很容易得肺癌，你最近一直在咳嗽啊。"广告中，听罢妻子的话，丈夫就去体检了。我祈祷这世上不全是这种对丈夫管得过多的妻子。

丈夫并不是妻子的所有物，然而很多妻子却将自己的价值观强加在对方身上，不给对方一点儿自由。

去不去体检是个人的自由，没有哪国人比日本人更喜欢当老好人，盲目相信电视上的信息的了。有很多人根本不会质疑电视上的信息，甚至觉得质疑电视上的信息本身就是不对的。

第三章
独居的人更能自己做主

● 单身人士得重大疾病的概率很低

单身生活的美妙之处在于能够避免被迫接受家人的价值观。这是一个人生活的妙处。自己的健康，自己的身体，可以由自己做主。

单身的人可以自己学习，自己收集信息，自己决定是否要去体检，至于结果如何也是自己的责任。如果是在家人的催促下去医院检查，最糟糕的就是检查结果出来以后接受过度治疗，就算这样导致了身体不适，家人也不会负任何责任。

但是自己一个人的话，如果不想去医院就医也是完全没有问题的。我想再三强调的是，单身生活的好处就是自由。

有人可能会问那些独自生活在深山中、没有医院也没有救护车的人："你们发生意外的时候该怎么办？"

> 独居颐养天年

我想替那些人回答:"发生意外的时候,就是死亡的时候,那时没有必要叫救护车了。"

我们生活在人口众多的城市中,自己独处时会感到孤独。而那些生活在人迹罕至的地方的人,本来就无法求助于人,他们大概也不会觉得孑然一身就代表着孤独。

有一件事说起来很不可思议,就我管理单身人士团体20多年的经验来看,单身的人并不会像她们自己所担心的那样得重大疾病。背后的原因我并不清楚,也许是因为大家都在奋力生活,所以细胞也在为之努力;又或许是因为身边没有人可以依靠,很多人在日常生活中,都学习了有关疾病的知识。总之,单身的人反而都很健康。

每当有会员过世时,我都感觉,这是上天对这位单身者最后的安排。

第三章
独居的人更能自己做主

　　有家人在，就很难自己决定所有的事情。即使不是单身人士，也要保持独居的心情，做好自己来做全部的决定的心理准备。丈夫不是小孩子，妻子也不是丈夫的老母亲，虽然大家属于一个家庭，但每个人都是独立的个体。

　　如果你平时就能习惯一个人，那么将来无论是得了阿尔茨海默病，还是病入膏肓，抑或是失去了自己的老伴，都能够泰然处之。

独居颐养天年

生病的时候更要独处

● 不要将自己脆弱的一面示人

很多人向我倾诉:"现在我还精力充沛,感觉不错,但是一想到老了以后独自一人,还是会感到不安。"当我问是什么让她们感到不安时,她们异口同声地回答:"生病。"在还能精力充沛地四处活动时,人们都觉得单身很好,然而在生病动弹不得的时候,就希望身边能有人陪伴自己。我很理解她们的这种心情,但是她们想得太美了。

自己健康时不需要别人,生病时却希望别人来照顾你,这种想法实在是过于自私了。

万事万物皆有利有弊。举个例子,有小孩是一

第三章
独居的人更能自己做主

件很幸福的事，但它不只有好的一面。可爱的小孩将来也有可能变成一个啃老族或者罪犯。那些感慨自己没有孩子的夫妻，意识到没有孩子也有好处的话，可能心情会稍好一些吧。

很多女性都会羡慕美丽端庄的女人，我也曾经有过这样的经历。年轻时和朋友一起去咖啡厅，我们明明还没点单，店家却给美貌的朋友端上了一杯奶油苏打水。"做个美女可真好啊！"我从未有过如此切身的体会。

那时我还年轻，想象不到长得漂亮所带来的负面影响。当我向一位大我24岁的美女讲起这件事时，美艳绝伦的她这样说：

"做一个美女也有很多不好的地方啊，好处几乎没有。由于长得太漂亮，所以很多渣男会凑上来，老实的男性担心自己会被拒绝，都退避三舍。

> 独居颐养天年

你这样长相平平的人是最幸福的。"

当时我 30 多岁，还在伤感自己的单身生活，而这句话令我难以忘怀。万事万物都有好的一面和不好的一面，绝对不能只看好的一面。

单身的好处就是自由，不好的地方就在于没人照顾。单身就是这样的，同时具有两种属性。所以说，无论如何都不能说出诸如"身边没有一个人很不安"之类的泄气话。

接下来的这句话听上去可能令人吃惊——"人生病的时候才更要独处，并且身边最好没有其他人在。"之所以这么说，是因为没有必要让他人看到自己脆弱的一面。说真的，有时身体不舒服，不吃东西反而好受些，别人却来回来去辛苦地把粥端到你面前，反而会让你觉得更累。就算是家人来照顾自己，有时也得体谅他们。

第三章
独居的人更能自己做主

让别人放手不管，只有独居的人才能体会到这种幸福。

现在我和93岁的老母亲在家里住上下楼。母亲每天早上6点半就起床，几乎从不因病卧床。不过，每年我的感冒都会转变成一次肺炎，所以那段时间，不得不卧床休息一周左右。独居时，我可以什么都不吃，在那里蒙头大睡，但是现在不行了。

明明希望母亲不要管我，但是如果她问道："你没事儿吧？"我就得答应一声。

有人以不想让别人看到自己憔悴的面容为由，住院以后不联系任何人。这便是不想将自己脆弱的一面示人。我很理解这类人的做法。

单身的好处在于无论在家里还是在医院，都能安心养病。很多日本人都觉得，如果自己的病床前

> 独居颐养天年

没有人照顾,就会很孤独。在日本这个国度弥漫着这样一种氛围——独自一人生活或者热爱孤独,是不可接受的。

生病时独处是最好的,等病好了,有精神了,再去见别人吧。

第三章
独居的人更能自己做主

即使得了阿尔茨海默病也没关系

● **不要害怕得阿尔茨海默病**

每次我看到世界卫生组织（WHO）公布的世界各国平均寿命排行榜时都会觉得不舒服，难道只有我一个人有这种感觉吗？人类究竟能有多长寿呢？日本女性的平均寿命是 87.1 岁，居世界第一；本以为日本男性的生命力会弱一些，结果也有 81.1 岁，居世界第二，寿命也在延长。（引自世界卫生组织 2018 年的统计数据。）

长寿是一件很好的事，如果能够以 70 岁的健康状态一直活到 100 岁那就更好了。

但是无论对谁来说，这种年年衰老的长寿，

> 独居颐养天年

都不会令人感到愉快。从我母亲身上就能看出来，80岁时和90岁时的她，精神头儿完全不一样。

还有一件烦心事会伴随着长寿出现，那就是患阿尔茨海默病。现在媒体每天都会提及这个词。

很久以前，我的祖母就是这样的。当大家刚开始说"老太太好像总说奇怪的话"时，她就去世了。现在回想起来，大概那就是由衰老引发的阿尔茨海默病吧。

电视上每天都在报道照顾患阿尔茨海默病父母的人操劳的样子，也不报道一些好事儿，难道是因为这种不幸的人生可以增加收视率吗？老人看到这样的电视节目，就会念叨着自己不想得这种病，然后积极预防阿尔茨海默病。

世上没有任何人想得阿尔茨海默病，不过日本人表现出的不安有些过头了。"SSS"的会员大

第三章
独居的人更能自己做主

多是单身人士,他们中有些人极其害怕自己会患上阿尔茨海默病。

"怕得这个病的话,就早点死吧,不要想着长寿了。"大多数时候,我都会这样打趣道。有时我就在想,为什么人们不能努力让自己活得短一些呢?

喝喝黑醋,做做深蹲,就能长寿吗?我是不会干这种事的。

2012年的数据显示,65岁以上的老人患阿尔茨海默病的概率是七分之一。[①] 这个概率无论看上去是高还是低,落到自己头上都是致命的打击。为一件不知是否会发生的事情忐忑不安是没有意义的。没有人会为了单纯不遭遇事故而小心翼翼地活着(如果大家都怕遭遇交通事故的话,就没

---
① 数据摘自日本内阁府《平成28年版高龄社会白书》(概要版)。

> 独居颐养天年

有人开车了)。所以我觉得如果活着只是为了不得阿尔茨海默病,是一种本末倒置的想法。

有人对我说过:"你之所以这么说,那是因为你没有照顾过患阿尔茨海默病的人。"要说起来,短寿者患阿尔茨海默病的可能性很低,所以掌握一些让自己活得不那么长的方法看来很有必要……当然,我这种逆向思维,应当不会被日本社会所接受吧。

● **坦然面对阿尔茨海默病**

多年前,我在荷兰参观过一家为患阿尔茨海默病的人开设的日间照料中心。当时我就被这20多名阿尔茨海默病老人的光鲜外表吸引了。男性身着熨烫得整整齐齐的衬衫,皮鞋擦得锃亮,还有人系着领结;女性都穿着颜色鲜艳的衣服,脖

第三章
独居的人更能自己做主

子和手腕上都戴着亮晶晶的首饰。所有人都笑容满面，完全看不出是阿尔茨海默病患者。

那一刻，荷兰和日本的日间照料中心之间的差别，让我目瞪口呆。同样都是得了阿尔茨海默病，为什么日本的患者看上去过得那么惨。

我感觉这可能和人们一直以来的生活方式有很大关系。在高福利国家荷兰，收入的一半都用于缴税了。相应地，教育和医疗都是免费的，老人享受的福利也十分丰厚，因此荷兰人不像日本人一样，会担心自己的晚年生活，也不会为之存钱。

他们的理念是"人生就是享受"。工作不是为了安度晚年做准备，而是为了享受人生。所以我想说的是，我在荷兰的日间照料中心看到的患阿尔茨海默病的老人，在患病之前一直开心地度过

> 独居颐养天年

每一天，即使后来患上阿尔茨海默病，也会坦然面对。

所以她们才会穿着颜色鲜亮的衣服，脖子和手腕上戴着亮晶晶的首饰，将头发梳得漂漂亮亮的，最后再化上妆。我一直认为，穿衣打扮是很重要的，因为人的外貌可以反映她们的内心。

我并没有说日本人的生活方式不好。不过在日本，似乎有太多的人即使有钱也无法享受生活。毫无疑问，这可以归结于政治的黑暗，但是对那些政治家的做法睁一只眼闭一只眼的恰恰是日本国民。他们只能接受当权者中饱私囊、弱者被抛弃的命运。日本的老人大都最终怀抱着钱财，在不安中颤抖着死去。

一位社会福利机构的经营者曾经说过："罹患阿尔茨海默病的人，在不同的环境中他们的表现

第三章
独居的人更能自己做主

也不同。"例如，有许多病人在自己家里的时候很狂躁，但是来到福利机构后就会平静下来。可能是福利机构的工作人员的照顾方法，让老人们感到自己受到了重视，这种安心感可以使他们的情绪平复下来。

我认为，要向我在荷兰见到的阿尔茨海默病患者学习，只要自己活得漂亮，就不会像现在这样恐惧这种疾病了。媒体应当大力报道与这个疾病相关的积极的信息。

事实上，荷兰日间照料中心的工作人员都穿着便服，我在房间中分不清谁是工作人员，谁是被照顾的老人。但在日本，工作人员都穿着白大褂或是制服，让人感受到一种权威的压迫感。

更令我震惊的是，那天享受日间照料服务的患有阿尔茨海默病的老人，大多都是独居者。

> 独居颐养天年

在荷兰，没有子女一定要照顾双亲的习惯，毕竟他们为人父母的同时，也是独立的个体。有些情况下，孩子会住得离父母很近，同时邻里间和地方社会，也会形成一股帮助独居老人的合力。这才是真正意义上的发达国家，日本的情况又是怎样的呢？

每每回忆起那天的光景，我都感到自己被从天而降的一束阳光暖暖地包裹着。衰老导致的阿尔茨海默病也属于老人生活的一部分，没有必要过度恐惧。

如果有那个时间去想各种办法预防阿尔茨海默病，不如做做饭、钓钓鱼，叫上朋友一起开个派对，做一些让自己快乐的事情。

第三章
独居的人更能自己做主

要不要抗癌，独居的人自己说了算

　　单身女性倾向于不让他人知道自己的私事，很少有人会公开说自己得了癌症，大部分都是悄悄阅读有关癌症知识的书籍，出入可以听到患者分享经验的场所，渐渐积累治病的知识。尽管不是所有人都会这样，但至少也不会像某些有钱人或者名人那样，把一切都交给权威的医生处理。

　　就算得了致命的疾病，也不用过分在意家人的看法，担心手头的存款，这便是单身的好处。

　　在纪录片《享受人生——容子与癌症共处的两年》中出场的独居老人渡边容子，是一位乳腺癌晚期患者。她的过人之处在于，从阅读了海量

> 独居颐养天年

的有关癌症知识的书和论文,到在治疗过程中遇到自己认可的医生为止,一直都在自己行动、自己做决定,同癌症进行正面交锋。

最终她找到了当时还在庆应义塾大学附属医院放射科工作的近藤医生。近藤的理论是,癌症不是切除或者早期诊断出来就能治好的,真正让患者痛苦的是抗癌药的副作用。他是一位名医,是"癌症搁置疗法"的奠基人。

富有学习精神的容子,无论多小的问题都会请教近藤医生,而近藤医生也从不拐弯抹角地解答。在日本的医学界,能够真诚解答患者问题的医生屈指可数。

最终,她选择了不接受手术,继续过着普通人的生活来结束自己的人生。她在家中待到了最后一刻,于58岁那年在一家临终关怀医院去世。

第三章
独居的人更能自己做主

　　日本人常常依赖权威，总希望能够在名牌大学的附属医院或是肿瘤医院做手术。如果医生说，只要做手术就有可能活下来，他们就会听话地连声答应。

　　很多名人住院前都会对公众宣布："我得了癌症，但是医生说切除后就能治好，手术做完后，我很快就会回来。"手术成功后，他们确实重返荧幕了，但过了一段时间很快就又消失了，等到再听到他们的消息时，多半就是讣告了。

　　我不是医生，在这个问题上，我再怎么解释也没有说服力，感兴趣的人可以读一读近藤诚医生的著作。如果大家不认可近藤医生书中的意见，还可以继续选择早期诊断后进行手术治疗，没有关系。总之，做出选择的人是自己本人，就算最终结果不理想，责任也是由自己承担的。

> 独居颐养天年

单身的人背后不会有人指手画脚，所以可以不断尝试，直到找到自己认可的医院和疗法为止。尤其是65岁以上的人得了癌症后，病情并不会很快恶化，完全来得及花时间慢慢学习，再做出判断。

我完全不惧怕癌症。不仅如此，我还希望能够得上可以让我进入生命倒计时的癌症，然后立刻死掉，毕竟我已经活70多岁了。因此，我决定不随随便便地去"没病找病"。

第三章
独居的人更能自己做主

不会享受孤独的人才一大早去诊所门口排队

● **不知道闲暇时光该做些什么的人才会去诊所**

如果你早上看到有人排长队，那一定是在外科诊所门口，而不是有名的拉面店。我第一次开车经过看到白发苍苍的老人聚集在诊所门前时，我不明白为什么他们一大早就来排队问诊。现在我搞清楚了，他们不是来看病的，而是来做按摩的。

在老龄化社会，家附近的外科诊所似乎成了老人们小聚的地方。诊所似乎也从前来做按摩的老人手中赚了不少钱。最近许多内科诊所也悄悄挂出了招牌，声明自己有外科科室。毫不过分地

> 独居颐养天年

说，在老年人数量激增的当代日本，康复疗法比临床治疗更吸引老年人。

随着年龄渐长，老化的不仅仅是腰腿部位，还有身体的各个器官。老化不是一种疾病，本来就没有治疗的必要，也没有哪位名医可以治好它。和治病比起来，老年人更需要一种精神上的治疗和满足，这对双方来讲是一种双赢关系。

而且更吸引老年人的是价格。去正骨医院或者美容院做一次普通按摩，要花费将近5000日元，当然，这一个小时里，肯定能踏踏实实享受一番揉搓服务，不过对靠养老金度日的老年人来说，还是过于昂贵了。

我采访过一位在外科诊所工作的按摩师，他说有的人每天都来按摩，还有很多人成了多年的老主顾。有些诊所的按摩师是康复治疗专业毕业

第三章
独居的人更能自己做主

的医师,而有些诊所则没有这样的人才。不过有一点要说明的是,那些有专业医师的诊所主要还是以治病为主,所以想按摩的人只能连续去半年,不能天天去。

我还听说,时常会出现老年男性由于过于舒服而导致失禁的情况。

过去男性的寿命很短,退休以后很快就去世了。但是现在人的晚年漫长得吓人,那些没事干的老人,就常常去造访家门口的外科诊所。老年人喜欢去的地方随时代的变化而改变,不过在我看来,这种消磨时光的人生态度依旧没有改变。

第四章

人到晚年,留足零花钱就够了

第四章
人到晚年，留足零花钱就够了

独居老人晚年要存多少钱

● 等真正进入晚年后，心中的不安就会消失

我作为一位 70 岁的单身老人，可以很有资格地说，年轻时对老后存款的不安，真到了晚年，就会消失得无影无踪，仿佛从未发生过一样。我年轻时，每当想到因要消除晚年存款不足的不安，而不得不随便找一个人结婚，就会害怕得浑身颤抖。

我现在是个单身的自由职业者。环顾四周，单身者也不在少数，不过大家都选择找一份稳定的工作，来支撑自己度过平安幸福的一生。然而我作为一名自由职业者，没有住房补贴，没有养

> 独居颐养天年

老金,也没有失业保险。只考虑收入的话,那么进公司做职员是最佳的选择。我曾经几乎没怎么想过钱的问题,到了现在这个年纪,才意识到原来人到晚年,人与人之间的差距竟如此之大,一种无力感油然而生。

年轻时,一位长辈曾对我讲:"如果自由职业者的收入达不到普通工薪阶层的3倍,那他一生的积蓄是无法和普通工薪阶层相提并论的。"他的意思是说,自由职业者大多数都是很贫穷的,但我并不是为了钱才工作的,于是默默地在心底反对他的这一说法。

出版社的编辑也十分同情当时初出茅庐的我。他劝我说:"你老了以后,自己一个人没问题吗?在这个世界一个人生存下去是很困难的啊!"现在的我可以反过来冲他炫耀,自己不用看着上司

第四章
人到晚年，留足零花钱就够了

的脸色赚钱，但当时因为不安，我每天晚上都辗转反侧，难以入眠。

那为何40岁时还抱有的对晚年的不安感，到了70岁以后就消失了呢？因为已经年过70了，也就是说，已经进入晚年了。这可能不算是最恰当的回答。

年轻时，晚年仿佛遥远得超乎想象，令人无比不安。现在到了可以想象死亡的年纪，人生一眼便能望到终点，也就不再感到不安了。简而言之，年过90的人不会对晚年感到不安，古稀之年的我，已经能理解他们这种心境了。

首先，现在已经能够计算出还需准备几年的钱，便能度过余生。若是长寿的话，准备二三十年的生活费也就足够了。

那些爱操心的人会这样反驳："我也有可能活

> 独居颐养天年

过百岁,到时没钱了怎么办?我很不安。"

人活着的目的不在于消除各种不安,所以不用理睬这类人。

● **单身者可以自由支配自己的财产**

单身的好处在于可以自始至终贯彻自己的人生理念。由于没有家人,所以不用满足家人的虚荣心。单身者中途囊中羞涩的话,即使可能遭到来自社会的粗暴对待,但也不会麻烦别人,因此可以坦然面对各种事情。

既然自己已经下定决心,就要从毫无意义的担忧中解脱出来,尽情享受当下的生活。

"SSS"在 2018 年 7 月面向全体会员进行了一项主题为"独居的你与晚年财产"的问卷调查。我做这项调查的初衷,是想弄清楚会员们为了安

第四章
人到晚年，留足零花钱就够了

度晚年究竟存了多少钱。"SSS"的800名会员都是50~80岁之间的女性，她们中大部分是独居者。

虽然采用了无记名方式，但最终只回收了35份答卷，我不禁感慨，单身者的戒心实在太重了。

有15人存了1000万到2000万日元，人数居于首位。而存款金额少的人，大多将钱用于投资和理财。二者加起来，平均每人大约有3000万日元的资产。上述被调查者包括尚未退休的人。

"你觉得今后要存多少钱才能安心进天堂？"毫无疑问，面对这个问题，尚且年轻的50岁的中年人会回答5000万日元，行将就木的80岁老人基本都会回答1000万日元。也就是说，随着年龄渐长，对金钱的不安感就会越来越淡。

顺便介绍一下，20年前我也做过同样的调查，当年的会员大多都在50岁上下。我清楚记得当被

> 独居颐养天年

问到存多少钱才有安全感时,大部分人都回答,有一套自己的房子和2000万日元现金。

以下内容摘自本次问卷。

(1)一位50岁公司职员的调查结果

存款:100万日元

投资:无

住房:公租房

职业:自由职业

钱的事情担心起来就会没完没了,索性就不担心了。虽然我没有钱,但是我可以做自己喜欢的事情。即使老了以后没有存款,我也能够活下去。晚年的财产问题不只是一个储蓄金额的问题,还和人们如何下定决心活下去有关。

(2)一位靠养老金度日的60岁老人的调查结果

第四章
人到晚年，留足零花钱就够了

存款：2000万日元

投资：无

住房：私产房

我不知道自己的寿命和国家的未来将会如何，所以也不知道究竟该需要多少钱。

（3）一位靠养老金度日的70岁老人的调查结果

存款：5000万日元

住房：私产房（拥有出租房产）

我的父母分别活到了100岁和95岁，我觉得自己也会很长寿。要是真能活这么长的话，我选择住养老院。住进去大约需要4500万日元，所以就存了这么一笔钱。

（4）一位靠养老金度日的80岁老人的调查结果

> 独居颐养天年

存款：不到 500 万日元

投资：1300 万日元

住房：公租房

我已经上岁数了，有 1000 万日元就足够过完剩下的日子。

由于单身的老人没有子女，也没有将财产留给子女的打算，因此很多人觉得，只要存够供自己一个人生活的钱就够了。年过七十，身体状态会渐渐稳定下来，进入 80 岁以后，老人们都精力充沛，很少会再得大病。在我看来，这是一条走向衰老过程的必经之路。也就是说，到了这种时候，就不用再准备住院和做手术的钱了。

有子女的老人，他们的养老金经常被儿孙辈盯上。但是就我这 20 年来见过的许多独居女性来

第四章
人到晚年，留足零花钱就够了

看，由于没打算依赖别人，她们的生活可以保持一定的紧张感，因此大多数人都身心健康。

前些日子，我调查了会员们的年龄情况。"SSS"经过20年的发展，会员们的年龄也在不断变大。到了2019年，800多名会员中，17%的人已步入耄耋之年。其中每十人就有一人住在养老院等福利机构，也有很多人住在家里，这点和我之前想象的不同。

另外，对于那些有家人的老人，并不是只要准备好够自己一个人享受人生的钱就万事大吉了。

然而即使有家人，也可以像第三章中提及的那样，只要具备独立意识，就不会被他人左右，就能自己制订人生计划。

> 独居颐养天年

租房也可安度晚年

● 自己有房产反而会更麻烦

88岁的单身老太太加藤由子（化名）一直租房度日。在日本，由于一直有不将房子租给60岁以上老人的不良传统，因此老人们不得不趁着还能申请房贷赶紧买房。在这样的大环境下，她能够以如此高龄租房生活，实在令人惊讶。

讲一个我自己的故事。30岁时，一位聪明的朋友曾对单身的我说："结婚，什么时候都能结，但是买房要趁早。否则，60岁一过，没有人会把房子租给你，到时你就只能流浪街头了。"我听了她的话，在父母的担保下买了一套二手公寓，这段经

第四章
人到晚年，留足零花钱就够了

历我也写进了我的处女作——《女人买房的时候》。

在那本书的影响下，下定决心买房的单身女性为数甚多。我在做讲座时，就有很多人特地前来感谢我："多亏读了松原老师的书，现在非常庆幸自己买了房。"当时我也觉得买房很好，但是现在，我却不能给出一个肯定的答案了。

杂志经常会刊发文章，讨论买房和租房哪个更实惠。其实这并不是一个经济利益的问题，而是生活方式的问题。认为有自己的房子比较安心的人就去买房，崇尚四海为家的人就去租房。

在当时，单身者买房还是很罕见的事情，所以我经常被开发商请去做讲座。我真心诚意分享买房的优点，很受买房者欢迎，但同时里面也掺杂着一些虚伪的宣传用语。

年逾古稀的我，现在已经转而支持单身者不

> 独居颐养天年

必买房这一观点了。

原因是,我对单身的人是否有必要拥有自己的住房持怀疑态度。很多人将住房视作一种财产,我也是如此。但是迄今为止的人生经验让我开始思考,单身的人在自己还活着时候,有一套房是很有必要的,但是死后,却没有办法将它传给继承人。从这点来讲,对单身者来说,房子不算财产。

租房反而是真正适合单身者的生活方式。

租房度日的人离世时,只有一个人,不用委托他人办一堆麻烦的手续。这种简单的生活方式,非常适合单身的人。

"SSS" 90% 以上的会员都拥有自己的住房。在这个一过 60 岁就租不到房的社会,没有一套属于自己的房子,人们是不会安心的。退休后能够继续拿着养老金,住在自己家里会有一种安心感。

第四章
人到晚年，留足零花钱就够了

我非常理解这种心情，因为我曾经也是这么想的。

但有房产的人也有他们的烦恼，即究竟该将房子留给谁。单身者如果没有留下遗嘱就去世了，其所有的财产都归国家所有。自己辛辛苦苦买的房子被这个只会一味收税却一毛不拔的国家拿走，是一件很糟心的事情。

不想将房子奉献给国家，就必须安排一个法定继承人。不过最近，遗产继承人的心态也有了一些变化。

不少人称自己想要的是现金而不是房子。继承了一套位于车站附近很快能转手的公寓还好，如果继承的是一套老公寓，那么收拾遗物、办理继承过户手续、支付房产税和物业费等一系列麻烦的事情将会接踵而至，独栋住宅还不见得能卖掉。最终，继承的房子很有可能会沦为负资产。

> 独居颐养天年

实际上,曾经有会员想把自己的房子赠予"SSS",他希望自己死后,他的房子可以作为"SSS"的事务所。但是经理事会讨论,为了避免处理后续的各种烦琐事务,我们回绝了他的好意。

● **和周围的人保持良好的人际关系,就不会有后顾之忧**

让我们回到靠租房度日的 88 岁的加藤老太太的事例。她一生都在租房,为何她没有被赶出来,反而能在同一个公寓中一直住下去呢?这是有原因的。

秘诀就是和房东保持良好的人际关系。加藤老太太性格开朗又坦率,从不虚荣,毫不做作,房东对她这种性格深深着迷。

有一天,房东对她说道:"加藤女士,你可以一直在这里,住到生命结束为止。我会照顾你的,

第四章
人到晚年，留足零花钱就够了

请不用担心。"

那位房东去年过世了，她的儿子特地来对加藤老太太说："我母亲不在了，以后你可以继续安心住下去，没有问题。"

日本社会对老年人是很冷漠的，但其中也会有一些温暖的人。你对他人敞开心扉，对方也会温柔待你。这就是老生常谈的那个道理：**你怎样对待世界，世界就怎样对待你。**

接下来，我要讲一讲另一位单身女性的故事。她现年67岁，离过婚，没有孩子。三年前，她从自己的公寓搬到了租住的房子里。这个故事我印象中不是发生在东京，而是发生在一座小城市。

她想，反正自己也是一个人，不如活得轻松一些，就没有必要留着房子了。当她下定决心搬出去租房时，正巧现在的房东找到她。

> 独居颐养天年

房东说："我听说你想租房住，是真的吗？如果是真的，我希望你能将你的公寓卖给我，作为交换，你可以租我的独栋住宅。"她连声答应下来，从那以后，两个人就建立了长期的信任关系。

她现在每天都过着安然自得的生活。"没有身外之物好轻松啊，下一次再搬家，大概就搬进养老院了。我也不知道具体什么时候会搬，不过反正我也是租房住的，需要的话，明天就能搬走。"

上述事例告诉我们，能够保持良好人际关系的人，无论是租房度日，还是囊中羞涩，抑或是百病缠身，都能够安之若素。

我65岁那年，卖掉了曾经为了能住一辈子而购买的公寓。一开始我还有些后悔，但现在我觉得，无事一身轻的感觉更好。这是我的真心话，不是逞强。

第四章
人到晚年，留足零花钱就够了

收入不高也可安度晚年

● 与其依靠养老金生活，不如自己去赚钱

除了那些购买了企业年金和个人储蓄型养老保险的人，还有许多老人只能依靠基本养老金度日。绝大多数 75 岁以上的老人，都要靠着养老金生活，但是类似老年医疗保险制度的参保费那样，以各种名目收取的费用越来越多，不得不说日本这个国家不给老年人一点儿活路。

日本的福利制度靠不住，于是大家就过着俭朴的生活，努力为晚年存钱。尽管如此，国家还是认为老年人都是有钱人，也不知道决策者的脑子是不是有问题。护理保险和国民健康保险都已

> 独居颐养天年

预先缴纳了,只要稍微逾期未缴,就会收到"已强行扣款"的通知。

为何最近卧轨自杀的人越来越多?我很理解他们的心情。我有时也会对社会产生一种厌恶感,进而闪过自杀的念头。

可能将来苛捐杂税会越来越多,生活也会越来越艰难吧。

在可以预见的未来,养老金的金额将会保持一种不断减少的微妙状态。与其哀叹于此,不如趁早转变思维,自己去赚钱。

人们现在仿佛生活在暗无天日的存钱状态中,努力不让自己手头的存款减少。只要每天存进去一点点钱,便可以给人活下去的动力。小卖部老板大都很有精气神,多半也是因为每天都有进账,所以不如利用去诊所排队的时间打打工做

第四章
人到晚年，留足零花钱就够了

做兼职吧！

S是一位64岁的家庭主妇。现在她本应到了和丈夫二人悠然自得安度晚年的岁数，但丈夫是一位自由职业者，没有多少养老金，还得了抑郁症。这是她自结婚以来第一次出门工作，不过此刻她也顾不上那么多了。没有任何从业资格证的她，在家附近新开的护理机构找到了一份保洁员的工作。

她笑容灿烂地说："这里是新建的，非常漂亮。保洁这种工作不用处理人际关系，所以非常适合我。"

时薪1200日元，一天4小时，一周两次，一个月就可以进账4万日元。有了这4万日元，她感到非常开心。

72岁的K在丈夫去世后，发挥了自己的烘焙

> 独居颐养天年

特长，在自家的一角开了一家面包坊赚钱。这家店藏在居民区中，顾客大多是附近的熟人。由于实在太不起眼，所以不熟悉这里的人路过时，常常发现不了。面包坊每周营业三天。

"做自己喜欢的事情，顺便赚一些钱，比起一个人寂寞地生活，精神上感觉好得多。顾客大多是住在附近的人，跟他们聊聊天也很开心。当然，最棒的还是有现金入账。"K容光焕发地说道。

接下来介绍的案例和K的情况类似，是一位70岁的家庭主妇T的故事。她出于个人爱好烤制的曲奇饼干广受好评，于是她便在自家门前开了一家小店。我也尝过她烤的曲奇饼干，实在是太好吃了！她的手艺甚至折服了我这个不喜欢吃甜食的人。在自己家里做些小买卖，这种生意模式适合老年人，很有参考价值。

第四章
人到晚年，留足零花钱就够了

听说她还用烤曲奇饼干赚的钱，自建了一套豪宅。听到这里，我竟一瞬间沉浸在发现"晚年工作是烤曲奇饼干"这一赚钱之道的喜悦中。但是转而又意识到，自己不喜欢曲奇饼干的甜味，就只能作罢。

到目前为止，我举的例子都是关于女性的。男性的话，我推荐去申请专利。与其有时间去创作俳句，不如发明一些新颖的产品赚点钱。这种可以开动脑筋，试做样品、提交专利申请书的工作，非常适合男性。如果专利产品畅销的话，还能发一笔横财。

● **单身者不用赚钱养活别人**

无所事事地度过老年期，纯粹是浪费时间。只有将无聊的时光化作创造财富的时间，才会让

> 独居颐养天年

自己充满活力。如果自己都不能鼓励自己,那还有谁能让你振作起来呢?

我以前住的公寓的管理员(当时70岁)是一位每天都面带笑容的大好人,每次遇见他,我总会和他聊上一番。他常说自己对于管理员这份工作心存感激,这句话让我难以忘怀。

我经常看到他穿着T恤、汗流浃背工作的身影。清晨,从打扫垃圾场开始,他要打扫楼梯间和走廊,并处理大件废品。

"真是辛苦您了!"我问候他时,他笑着对我说:"我现在不用去健身房,就可以锻炼身体,而且还有钱赚,我对此已经很满意了。"

尽管时代改变了,艰难的生活依旧没有改变。养老金减少了,要缴纳的税金却增加了,增税的风波席卷全国。以后想要锻炼的话,就去健身房

第四章
人到晚年，留足零花钱就够了

找一份兼职吧，没有必要在那里挥汗如雨做运动了，一边工作一边锻炼的感觉更好。

要将自己从掏钱的人变成赚钱的人。这样，工作结束后的那杯啤酒喝起来应当更加爽口。

事实上，作为一名自由职业者，我一直在为赚取超过5万日元的月收入拼命工作。虽然我很幸运，到目前为止都一直有执笔著书的机会，但我还是一直抱有"明年就没有工作了"的心情走到今天，无时无刻不在思考着每月稳定赚取5万日元的方法。对于我来说，一个人的头脑风暴时刻是我最快乐的时刻。

我有把一切都画下来的习惯，一有什么想法，就会把它画在A4纸上保存下来。本来在这里想给大家展示一下的，但是这些画看上去可能会显得我脑子不太正常，所以只能作罢。之所以这

> 独居颐养天年

样记录下来,是因为人的想法是瞬息万变的,明明前一天产生了一个天才般的想法,第二天就在记忆中了然无痕了。

养老金减少,对所有人而言都是一件悲哀的事。这就像乌龟一点点脱水一样令人难受,不过只要能及时补充一点点水分,心境就会平和一些。

不管怎么说,不用赚钱养活别人这一点,是独属于单身者的"馈赠品"。只要觉得自己还有能力,世上就没有不可挑战之事。

当然,有伴侣的人也可以实践我的观点。可以互相约定,通过各自的努力赚取零花钱或生活费。

第四章
人到晚年，留足零花钱就够了

不想孤独，就去做志愿者

● 如果感到孤独，就快去做志愿者吧

回顾平成年代，有一个人的身影是令人难忘的，那就是超级志愿者——尾畠春夫。

就连平日里对媒体一直持批判态度的我，看到他们在报道尾畠的事迹，也不得不发自内心地褒扬几句。

最近新闻总是在报道杀人和虐待儿童的案子，人们的心情也随之变得沉重。这时，一位红衣大叔的登场，抓住了所有人的心。

做志愿者的人为数众多，但很少有人能够善始善终，从住宿费到餐费、交通费全部自己准备。

> 独居颐养天年

现在，被视为英雄的尾畠可能会深感困扰，但是他的精神却对他帮助过的孩子产生了无法估量的影响。

我们都知道，遇到身陷困境的人，全力帮助一两回还是可以的，可是没人能够做到像尾畠这样，以此为己任。

他做志愿者的初衷，是想报答曾经给予他帮助的人。现年78岁（截至2018年8月）的他生活清贫，却有一颗高尚的心。这让我自愧不如。

经常听到身边的人说，自己退休后想当一名志愿者为社会做贡献。但是深入了解以后，我感觉他们都太现实了，有些人说想要通勤费，有些人说自己现在还做不了，以后再说。然而过了一年两年，也没做成志愿者，直到临终前都还一直为此找借口。

第四章
人到晚年，留足零花钱就够了

我把这种人叫作"假好人"。真心想做志愿者的人早就去做了，不过我也理解那些只是想想却从不付诸实践的人。说实在的，我也没有资格批评他们。

一个65岁的单身老人，如果自己还有一些干劲儿，就可以像尾畠一样做一名志愿者。我为何会这样建议呢？因为尾畠也没有家人和可以谈得来的朋友。

我在本书里经常会提到德国，接下来这个例子还是德国的。德国的家庭主妇一般都让丈夫管钱，自己说清用途后，再从他手中拿钱花。赚钱的人有资格管理财产。

我想说的是，单身者可以自己决定如何花自己的钱，这是重点。尾畠就是因为独身一人，所以能够随心所欲地做志愿者。

> 独居颐养天年

想当几天志愿者，想几点回来都可以。钱花光的时候，可以待在家里等待下一次发养老金的日子。尾畠穿着红色的制服，那你就穿粉色的，虽然最初可能只是模仿，但是渐渐地，你就能感到内心变得充实，进而快乐地度过每一天。

那些还有家人，自己无法像上文中说的那样全身心投入志愿者工作的人，也不用过于担心。可以从不会被家人阻拦的工作入手（也是为了慢慢适应志愿者工作），在他们习惯了以后，就可以渐渐扩大自己的活动范围了。

第四章
人到晚年，留足零花钱就够了

为了逃避孤独而存的钱未必用得上

● 庆幸自己没成为儿孙的"取款机"

婴儿潮时期出生的 A 夫妇，自从丈夫退休以后，就享受着悠然自得的生活。夫妻双方都有工作，所以能获得两份养老金，且丈夫有一份企业年金。由于丈夫对金融很熟悉，夫妻二人还拿出一些钱用于投资股票。丈夫喜欢打高尔夫，妻子喜欢园艺，私家车是一辆宝马，人人都羡慕的晚年生活也不过如此吧。夫妻二人商量好，谁先走了，另一个人就去住养老院，并为此存了一大笔钱。

但是，人生不能事事如愿。去年，他们的女儿突然离婚，带着孩子回到了娘家。从那以后，

> 独居颐养天年

他们的晚年计划就彻底被打乱了。

年过四十的女儿是一位没有收入的家庭主妇。虽然也会出去打打零工，但远远到不了可以养活自己的地步。

A夫妇为了帮助女儿，决定三代人一起住。一直以来，不常有人讲话的安静的餐桌上，突然热闹了起来。夫妻二人起初对这种久违的生机勃勃的生活感到十分满意，毕竟在他们眼中，外孙出奇可爱。

但是无论从表面上看家境多么殷实，夫妻二人都毕竟是靠养老金生活的老人。三代同居开始后，他们发现生活并没有像之前想象的那么有趣，而且没有想到的是，每月的支出大幅增加。由于女儿没有经济来源，外孙的教育费用也要由他们负担，因此先前的喜悦逐渐变成了不安。

第四章
人到晚年，留足零花钱就够了

有家庭是一件非常美好的事情，但是如果家人都不能自立的话，可能就要牺牲某些人的利益了。

单身者尽管感受不到家庭的氛围，但是相应地，也不用负担家人的生活。和那些儿孙满堂、看起来很幸福的人比较时，不要总想着自己的孤单，而要庆幸自己没有成为儿孙的"取款机"。意识转变以后，就可以大摇大摆地走在街头了。

● **要想消除孤独，不要寄希望于儿孙**

现在，越来越多的老人被子女疏远，所以他们并不认为孤独是一种自由，而觉得它是寂寞又痛苦的。很多坏人也趁机潜入这些人空虚的内心。冒充熟人的电话诈骗和更高级的套取个人信息的电话诈骗在社会上蔓延。套取个人信息的电话诈骗常见的作案手法是，骗子先冒充受害者的

> 独居颐养天年

熟人，拨打第一次电话时，只说自己换了电话号码，过了一段时间打第二次电话时，就会死皮赖脸地开始要钱。

明明这个人平常头脑很清醒，为何也会上当呢？有些人百思不得其解。实际上，电信诈骗团伙对老年人心理的了解和把握不亚于心理学家。

日本人从不轻易怀疑他人，从某种意义上讲，这是一个很好的品格。在日本，有很多从不会拒绝别人请求的老好人，特别是老人，他们迫切希望自己能够被别人关注。

被诈骗的老人大多数都很善良，那种内心孤独寂寞的老人往往更容易被诈骗犯利用。

环顾身边90多岁的老人，我感到虽然他们也被称为高龄者，但是80岁和90岁的老人还是有很大不同的。

第四章
人到晚年，留足零花钱就够了

即使是那些一个人生活多年的独居老人，90岁以后也会处于一种被社会抛弃的孤独状态中。考虑到朋友们都年事已高，不能再邀请他们外出小聚，同往日一样高谈阔论了。毕竟在外出的路上，如果对方摔了一跤，摔断了大腿骨的话，自己也会惹上事儿。邀请别人到家里做客，也变得越来越麻烦。这样一来，不和他人交流的日子就逐渐增多了。

这时，接到所谓老朋友的电话，就会欣喜若狂。对话一般会以"好久不见"开始，以对方声称"自己的女儿最近处境不妙，所以能不能借点儿钱"结束。

很明显这是一种诈骗行为，但是老人们会觉得，朋友是不会骗自己的，反而一口答应下来。总之，即便认为自己尚且年轻，过了80岁，也要

> 独居颐养天年

有"自己已经彻底是一个老年人"的意识，必须时刻警惕，因为和你套近乎的人很可能是个骗子。

现在这个时代真是令人生厌。今后长寿、独居的老人不断增多，针对他们的诈骗案件恐怕也会越来越多。

借钱、送钱给别人，帮助有求于己的人，其实并不会让人感觉很难受。这是因为有人需要自己，所以会感到开心。另外，从债务关系的角度来讲，还能体会到一种优越感。

未来，从经济层面来讲，日本将进入一个更加严峻的时代。教育费用的重担将压在那些有孩子的父母身上。所谓的义务教育也并不是免费的，参考书、校服、社团的制服、游学旅行等，都是让父母掏钱的地方。如果再去课外班学游泳和舞蹈的话，这个钱就算母亲出门打零工也付不起。

第四章
人到晚年，留足零花钱就够了

　　看到此情此景，有些老人就会为了儿孙着想，拿出一部分养老资金，帮助他们。但是，长此以往，儿孙就更加难以自立。很多人到死都没有明白过来，自己只是儿女的一个"钱包"而已。甚至有人直到被送进环境恶劣的养老院时，都还没有醒悟。

　　有些人片面地将孤独等同于内心寂寞，为了填补这种空虚感，就迅速从儿女或孙辈人身上寻求慰藉，结果大都落个被无度索取的下场。与其这样，不如就像我在本书中强调的那样，将孤独视作自己的自由，将金钱和时间花在自己喜欢的事物上。这样，孩子们也能更加自立。

第五章

独居的人没有人际关系的困扰

第五章
独居的人没有人际关系的困扰

老两口儿别天天拴在一起

● 越老越能品味孤独的妙处

已婚者看到单身者时总会想,一个人生活很孤独吧。不过以我的经验来看,这种孤独主要集中在40岁以前。单身女性看到别人结婚生子,再对比一下自己的境遇,确实会倍感孤独。但一过40岁,放弃要孩子的念头后,便会开始认真面对自己将要孤独终老的现实。这时,就会重新审视单身的妙处,曾经的寂寞也变得不再难耐。虽然有些人无论处在何种年龄段,都有强烈的结婚愿望,但那种女性毕竟不多。

我并不是因为自己单身,才会偏袒单身者。

> 独居颐养天年

我想说，单身一辈子真的有很多好处。30多岁时，每当收到夹着全家福的贺年卡，我都会哀叹自己的不幸。但进入人生的后半程后，我渐渐明白家庭的纽带其实很不牢固。于是，当我再看到别人的全家福时，心里也不会起一丝波澜了。

我身边的单身者为数众多，有些人在40多岁时，还会在不经意间说自己想要有个孩子，或者担心自己晚年的独居生活，结果50岁后，就会改口说还是单身好。也就是说，随着年岁渐长，身边的牵绊越少，越能过上精神自由的生活。

已婚者中，有许多到哪里都形影不离的恩爱夫妻，令人好生羡慕。和那些单独行动的单身者不同，他们无论是去听音乐会，还是出国旅游，都相依相伴，甚至连爱好也相同。在我年过半百之前，每当这种伉俪情深的夫妻出现在视线里，

第五章
独居的人没有人际关系的困扰

我都会感到自卑——我连一个男人都不曾有过，真是虚度了大好的青春年华。

有些人喜欢整天和别人一起行动，我并没有想说这种人坏话的意思，我只是想对他们说："不要老黏着别人，给他们一点儿自由的空间吧！"你可能想像胶水一样时刻黏着对方，但对方不一定这么想。

我曾听人说过，夫妻之间如果认为能让自己快乐的事情，也一定能让对方快乐，那就大错特错了。

● **与其瞎套近乎，不如珍惜独处的时光**

前些日子在一场宴会上，我看到一位 65 岁的老太太独自赴宴，没有带她的丈夫。我很不可思议地看着她，总感觉哪里不对劲。平日里漂亮又

> 独居颐养天年

时髦的她，总是笑容满面，今天眼里却没有一丝光彩。说实话，她今天这个阴郁的样子，乍一看我还以为自己认错人了。我问她缘故，她答道："我退休了，返聘也结束了，现在独自一人在家。以前从来没有整天待在家里过，现在完全不知道该做些什么。"

我尝试劝导她："要不要找一些可以自娱自乐的事情做？你现在时间这么充裕，埋头做做自己喜欢的事也挺好的。"

结果她却回答："是呢，但我除了工作，没有其他爱好。"在职业女性看来，工作等于一切，这一点和其他上班族没有任何区别。

另一位从一流企业退休的77岁男性，过着如诗如画般优雅的晚年生活。

退休以后，他没有回过公司一次，甚至都没

第五章
独居的人没有人际关系的困扰

有过这个念头。公司职员是否都是这样的呢？他们是不留恋自己的公司，还是没有这样的感情？我这个从没在公司上过班的人，很难理解其中的逻辑。

他说，充裕的企业年金让他不再担心经济问题，他现在每天的生活比在公司上班时还要忙。

他平日里会去上绘画课和俳句[①]课，周末的兴趣是打高尔夫球。由于之前做过公司的高管，所以现在还兼任一家非营利组织的理事和某机构的委员。光听上去，就是一个忙碌而充实的晚年生活。

当我问到他每天和妻子朝夕相处的生活怎么样时，他说开始那两年，他总是占用妻子的私人空间，并且感觉在家中没有立足之地，那样的生活让他很不习惯，非常痛苦，不过最后他还是适

---

① 俳句是日本的一种古典短诗。

> 独居颐养天年

应了。现在他和妻子就是一对各干各的理想型夫妻。

这种独自行动的生活方式可以做到互不干扰，夫妻二人只在晚上才见面，也不会给对方施加太多压力。

● **丧偶男性的内心更加脆弱**

我有时忍不住有点恶作剧的心理，问一些已婚男性："你现在生活过得很滋润，但如果你太太不在了，你打算怎么办？"这时总会被他们一句"没想过"怼回来。我能够感受到他们语气中的愤怒。很多女性每天都在想着，以后若只剩自己一个人要怎样生活，并为此提前学习；男性大多不愿思考这种可怕的事，真是孩子气。

"不要啊，不要啊，我不想去想那种可怕的事。"

第五章
独居的人没有人际关系的困扰

　　虽然我没有说日本男性坏话的意思，但是每次遇到退休的老年男性，我都会震惊地发现，他们居然无法自立。他们究竟是把妻子当成了老母亲，还是保姆呢？或者在他们的眼里，妻子什么都不是？

　　他们一定会这样说："我一定会比妻子死得早，所以不用担心以后的事。"

　　哪怕有人回答"我在临死前会为妻子做好养老安排"也好，但很遗憾，我没有见过这样回答的男性。

> 独居颐养天年

找到让你舒服的相处模式

● 在家感到孤独时，可以出去找朋友聚聚

我和两位婴儿潮时期出生的朋友，寻找东京站附近可以小酌一杯、吃点下酒菜的酒馆时，在八重洲地下商业街偶然发现了一家名为"ACORN"的小店，这家店主打葡萄酒和生火腿。地下商业街虽然规模很大，但里面大多是咖啡厅和比萨饼店，很少有能让人小酌一杯的酒馆。

下午5点，我们入座时，店里还空荡荡的，但随着时间的流逝，很多下班的人也进来喝酒，不知不觉周围就热闹起来了。

坐在我们旁边那桌的男性有30岁上下，一看

第五章
独居的人没有人际关系的困扰

就是一个上班族。他一直坐立不安，似乎在等人。过了一会儿，一名女子坐到了他面前，两个人点了一瓶葡萄酒，但全程没怎么说话。在我看来，这两个人明明是在约会，却有点心不在焉。

又过了一会儿，另一个女子也加入了他们的聚会，大概是三个人之前约好一起喝酒的。随后，他们那桌的气氛就活跃起来了。

我之前没有见过这种把酒言欢的场面。那一刻我意识到，这样似乎比一男一女面对面喝酒要更快乐一点。

婴儿潮时期出生的人结伴出去吃饭时，一般只有两种选择：情侣或夫妻一起；女性们单独聚会。但我感觉，现在的年轻男性大多对异性无欲无求，不再将女性当作异性对待，也不想找对象。

我们三个老人一边聊着这个话题，一边环顾

> 独居颐养天年

四周,结果惊讶地发现,这里都是这样的三人组合。"快看快看,后面那桌也是一男两女,那边也是。"

这些人都在开心地喝酒谈天,看上去很高兴。和那些一脸淡然地让女性给自己倒酒的"40后""50后"男性不同,这里的年轻男性很有外国人的风度,不仅会不断给女性倒酒,还会主动招呼服务员。

看起来,比起异性间的亲密关系,如今的年轻人更享受男女之交淡如水的感觉。如果是两名女性对饮,虽然也很开心,但那样就意识不到自己的女性身份。如果这时再加入一名男性,她们就能作为女性,好好表现一番了。即便对方不是自己的恋爱对象,只要是一名男性,也可以令她们好好打扮一番,提起精神来。

第五章
独居的人没有人际关系的困扰

参与这种组合的人，大概都是单身人士吧。也许他们是公司的同事，下班以后，家里没有其他人，就正好利用这段时间来放松身心，享受生活。

我本以为这只是日本国内才有的一种现象，但去年我去巴黎，到旅馆旁边的咖啡厅吃晚餐，也见到了相似的情景。

说起巴黎，一般人都会觉得，那里是一个恋人成双结对的城市。然而据我认真观察，咖啡厅里成双结对的人确实不少，但大部分都是两名女性，男女组合只有一对。我的邻桌聊得十分热烈，他们就是一男两女的组合。

能够被女性邀请的男性，一定是那种说话幽默、洁身自好的人。她们不会选择跟一个自我吹嘘或是多愁善感的男性一起用餐，所以能在两名时尚女性中应对自如的男人，一定非常优秀。

> 独居颐养天年

无法提供任何话题的沉默寡言的大叔，今后将被时代抛弃。现在的独立女性更喜欢那些没有柴米油盐气息的单身男性。

"今后，这种三人聚会的方式将会成为主流。"我们三个人互相使了个眼色，大笑起来。为何？因为我们当时就是一名优秀的男性和两名女性在一起喝酒。

这种组合非常完美，我们三个人聊了整整三个小时，等回过神来才发现，已经喝光两瓶酒了。顺便一说，我是单身人士，我的那位女性朋友也是单身人士，那位男性是一位没有家人、只有爱犬在等着他的热血医生。我们三个人回家以后都没有可以说话的对象，但我们并不是不和任何人说话的孤独的人。

第五章
独居的人没有人际关系的困扰

独居可以减少社交带来的压力

● 晚年虽然孤独，但也能接受

年轻时没有朋友，就会感到孤独，但随着年岁渐长，反而会觉得和那些无聊的人交往，才更显孤独。

我通过"SSS"这个平台，得以遇见形形色色的人，有些人会认为我朋友很多，但其实不是那样的。尤其是一过65岁，我便不喜欢和人见面了，恐怕其他人也是这么想的。世上没有什么比和那些大脑空空的人交流更无聊的了。

我时常会见一些男性朋友，并和他们交流。

可能是最近我的生活方式改变了，我觉得他

> 独居颐养天年

们说的话枯燥无味,有一种想赶快回家的冲动。"抱歉,我家有点远,不得不早点回去。"家住得远在这种时候就起了很大作用。在回去的公交车上,我就会认真地想:"下次再也不见他了。"

作为"SSS"的代表,我常常在公众面前讲话。这种时候,我会精神饱满努力让大家笑出来,所以常常被认为是领袖人物。但是在参加其他人组织的会议时,我就会沉默不语,努力让自己显得不起眼。别人听说我的这种状况后都非常震惊,甚至不敢相信,但这是真的。

最近除了工作,我不会积极地和别人见面。因为我察觉到了独处的好处,所以不再有求于他人,如果不想和其他人社交的话,就不要交往了。如果对方感到自己被得罪,或者认为我是一个怪人,我也全盘接受,淡然处之。不总是在意别人

第五章
独居的人没有人际关系的困扰

想什么，就能够获得心灵的自由。

● 有几个关系淡薄的朋友，便可度过愉快的人生

人最大的压力来自人际关系，这点应当无人反驳。

人际关系越亲密，压力就越大。我认为，这也是故意杀人、故意伤害事件在家庭中经常发生的一个原因。

亲密关系甜如蜂蜜，但人际关系还是以淡薄为佳。清水何时都可以换新，但蜂蜜却黏糊糊的很难清理。

年轻时，人们都青睐甘甜的蜂蜜，到老了却喜欢一些口味清淡的食物。吃炸猪排时，你喜欢蘸酱汁还是就食盐？现在我觉得，炸猪排还是蘸酱汁更加美味。不过最近我吃烤肉时，开始只撒

> 独居颐养天年

食盐了，这也是事实。

当我意识到晚年生活方式的基调就是孤独时，我发现必须保持联系的人少之又少。有些寡妇曾经哀叹："丈夫不在了以后，我就没有可以交际的人了。"这种情况的出现，一般是因为之前都是夫妻和夫妻之间的社交模式。每当我做这种咨询时都在想：如果不采用这样的社交模式，很多人是不是就无法亲近起来了呢？

不过这只是刚刚丧夫时的寂寞感所致。随着时间的流逝，她一定能够认识到单身的妙处。

说到单身的妙处，我举一些小小的例子，比如，可以随便躺在床上，一直发呆；可以不带手机，在夜幕中散步或兜风……会有很多这种属于自己的安静时光，既不会被打扰，也不用顾虑他人的心情。如果这都不算最幸福的时光，那什么

第五章
独居的人没有人际关系的困扰

才能算呢？

关系淡薄的朋友随时可以交到，这样的朋友有几个就足够了——能做到彼此认同，就是赞美孤独的绝佳方式。

最近有些人，放弃了贺年卡社交，他们以年事已高为由，从现在开始不再寄贺年卡。除了高龄，还有一个理由，大概是每当正月到来，信箱里寥寥无几的贺年卡，更会让人切身体会到自己的孤独。

一个人就能很快乐，不需要其他人陪伴，自己也能过得很充实。远离复杂的人际关系，享受平静安逸的孤独，就会展现出自己美好的一面。

> 独居颐养天年

不要和亲人一起生活

● 亲人之间无话可谈

随着女性进入社会工作,越来越多的女性拥有了经济实力,同时选择一个人度过一生的人数也在增加。在工作和婚姻之间被迫二选一的时代已经一去不返,现在没有人比女性更有职业选择的自由了,1947年生的我很羡慕她们。

看一看最近的社会现状,我发现一件事,兄弟俩或姐妹俩都单身的情况很多,特别是姐妹俩。

在我家附近的大众澡堂,我曾看到过两个老太太,步履蹒跚躺入浴缸,很明显她们都将近90岁了。最开始我以为她们是朋友关系,但是很难

第五章
独居的人没有人际关系的困扰

想象，两个耄耋之年的朋友会相约来洗澡。

原来她们是姐妹，那个走路不稳的是姐姐。可能两个人年龄相仿的缘故，一直搀扶着姐姐的妹妹其实腿脚也不好使。一定是因为姐姐说了一句我想去洗澡，妹妹才一起跟过来的吧。姐妹之间的这种主从关系，一直保持到死为止。

这对姐妹应当都是单身者，且一定还长期居住在一起。我之所以知道她们是姐妹，是因为她们之间从不交谈。中老年夫妻亦是如此，亲人之间不怎么说话，是一件很稀松平常的事情。

我和母亲在外吃饭时，也会为找不到话题而困扰。如果两个人能够开心聊天且都是女性的话，一定是朋友关系，男女之间就是情人关系，就算不是，也不可能是已婚夫妻。

对，在那张桌子旁，自始至终一言不发默默

> 独居颐养天年

用餐的两个人就是夫妻关系。

前些日子，我在家门口的萨莉亚餐厅，看到两个剪着短发、皮肤黝黑、看上去活力十足的人坐在那里用餐。一开始我以为她们是朋友关系，但她们却有着如此相似的气场，多半是姐妹。姐妹俩在单身中度过一年又一年，最终决定住在一起，这是我的推测。她们两个就像双胞胎一样。

● 与亲人一起生活，体会不到孤独的妙处

一两年前，我在电视上看到了一则爆炸性新闻。在东京都内的一间住宅中，发现了一对死于饥饿的老年姐妹的尸体。冰箱里没有食物，电和煤气也都停了。我相信许多人都曾看到过这则新闻。在这个食物过剩的时代，她们是怎么饿死的呢？如果饿死的是个独居者，那还能解释得通，

第五章
独居的人没有人际关系的困扰

但是这两个人都饿死了，怎么想也不太可能。两个人在一起的话，双方可以互帮互助。那为何会沦落到如此地步呢？

接下来就是我的一些个人判断了。我认为独居的单身女性和姐妹俩一同居住的单身女性之间，对于晚年所持有的想法不同。姐妹在一起时，就像夫妻一样，即便沉默不语，身边也总还是有他者存在的，所以就没有机会形成独自一人过下去的意识。换句话说，这种关系可以称为"姐妹夫妻"。

"SSS"的成员中，有同居的老年姐妹，也有一起住进同一家养老院的老年姐妹。她们虽然都单身，却与"孤独"这个词无缘。

有些姐妹孩提时代就形影不离，长大以后，交际圈也只局限在两个人的范围内。大概和亲人

> 独居颐养天年

在一起，比和其他人交际要省心很多吧。在我看来，这是一种逃避孤独的物理方法。

  饿死的老年姐妹几乎从来不和周边的邻居往来，悄悄过着只属于她们两个人的生活。我觉得这便是将人际关系局限在"姐妹"中的后果。也许她们认为向他人求助，会显得自己过于凄惨，这是否是姐妹俩的自尊心使然，恐怕也只有本人才能知道答案了。这便是一对无法分离的单身姐妹的人生结局。

  这件事让我感到，过分拘泥于二人世界，对外界不闻不问，结果就会落得这样的地步。有亲人在固然很好，但是老了以后，不能只执着于和其他人一起过，我认为如果能以孤独作为基调来生活，结果可能会更好。

第五章
独居的人没有人际关系的困扰

养一只猫解闷，而不是依赖他人

● 一直独居的人年老后，很难和其他人一起生活

走在街上，牵着小型犬散步的老人和年轻女性的身影时常映入眼帘。同为宠物，却没有人遛猫。不过最近，我感觉养猫的女性在逐年增加。

当年，婴儿潮时期出生的女性到了谈婚论嫁的年龄，就发了疯似的寻找结婚对象。现在的年轻女性，看着好像不再受制于主流价值观，可以自由地享受人生。同猫、狗一起生活，比同异性一起生活更能给她们带来快乐。

每当见到这种年轻貌美的女性，我都会上前攀谈几句："现在就养猫养狗啦，生活过得太舒

> 独居颐养天年

适,以后就很难结婚了哦!"当年也有人跟我说,40岁之前不要养猫,否则会丧失结婚的动力,于是我一直到40岁才开始养猫。反正我也没有结婚,所以也不算等了太久。

话说回来,根据我的经验来看,最需要养猫养狗的时间不是年轻时,而是变老后。

经营"SSS"社团期间,有很多人敞开心扉,向我诉说了她们的烦恼。有人说自己没有朋友很寂寞,还有人说自己没有可以说心里话的人。一直单身的退休女性和退休男性一样,从某种意义上讲都是企业的"战士"。一般来说,女性的交友范围比男性要广,但事实上并非如此。

上班、回家、吃饭、泡澡,然后睡觉,大部分人到退休为止,都过着这样的生活,连交朋友的时间和机会都没有。当然,也有那种兴趣广泛、

第五章
独居的人没有人际关系的困扰

热衷于社会活动的活跃者,但毕竟是少数。

上文中我写到过,成年后交朋友最讲究距离感。若能保持好这种若即若离的微妙距离,退休后也能交到朋友。不过事实上,人们很难做到这点。

"SSS"中有两个关系很好、情投意合的会员,她们商量好老了以后住在一起安度晚年,为此她们乐此不疲地收集信息和参观养老院。听说她们就是在参加"SSS"举办的活动时认识的,能够在退休后找到知音,我也替她们高兴。但是去年听闻她们绝交的消息,我的震惊程度就仿佛听说她们离婚了一样。

据我个人分析,她们分开的原因,是两个人过于亲密无间。一直一个人生活的人,正是因为不善于和他人保持亲密关系,无法一味迎合他人,才会独自生活。所以两个同属此类的人,是

> 独居颐养天年

无法处得来的。连结婚都无法做到的人，如果为了逃避晚年孤独，而选择和他人一起生活，终究是不现实的。

后来我又问了问她们的近况，得知两个人不再联系了。一个人退出了"SSS"，另一个人回归独居生活，继续默默走着属于自己的路。她们都神采奕奕地告诉我，两个人绝交以后，反而下定决心要独自生活，在社区里认识的人也越来越多，每天都非常快乐。

● 养一只不谄媚的猫，就能有活下去的动力

随着老年期逐渐逼近，人们会忽然开始依恋别人，我也不例外。但我还是建议独居者把自己脆弱的心封闭起来，不要试图去依恋别人，实在不行，就养一只猫吧。

第五章
独居的人没有人际关系的困扰

"SSS"的会员幸子今年迎来88岁高龄。她是一位高雅的单身女性，很适合穿和服。幸子原来是一位大企业董事长的秘书，算是女高管中的头号人物。

看着这位魅力十足、衣着时尚的美丽女性，很多人都说："我80岁时也要像她一样。"在别人眼中，她一直就是这样一位令人羡慕的前辈。退休后的整整28年间，她一直在赤坂开着一家会员制小店，直到今年才关门。幸子身边一直聚集着各种优质男性，但她最终选择让猫陪伴自己一生。

"小小（猫的名字）在它24年的生命里一直治愈着我。"小小3年前离世后，幸子下定决心再养一只猫。很多人担心，自己会比猫先走一步，最终放弃了养猫的念头，但幸子打算活到100岁

> 独居颐养天年

以上,所以她觉得无所谓。

和猫一起生活,能让独居的我们获得幸福感和活下去的动力。

我也一直和猫一起生活,所以很理解她的心情。"如果想过上幸福的晚年生活,那请养一只猫吧。"这句话并不是从某位作家的书里抄来的,而是我真心希望大家这么做。

至于是优先考虑以后将失去主人的猫的心情,还是优先考虑自己所剩无几的人生,就交给各位自行判断了。

我打算到时候出100万日元给一个爱猫的朋友,然后对她说:"将来这只猫就拜托你来养了。"和年轻时的孤独不同,老年时的孤独总是悲哀的。仿佛是一台生锈的二手车一样,没有人再来开。人老了之后,很容易被这种孤独感侵袭。

第五章
独居的人没有人际关系的困扰

　　不过，身边如果能有一只两耳不闻窗外事、潇洒过活的猫，就更能获得继续活下去的动力，而不会终日沉湎于寂寞之中。

　　如果觉得心太累而不想和其他人一起生活，那么养只猫也是一个不错的选择。独居老人和猫是天生一对，如果二者能心灵相通，这就更完美了。

第六章

独居能让人更好地为死亡做准备

第六章
独居能让人更好地为死亡做准备

瞒着妻儿悄悄做终老准备

● 将终老准备作为一门赚钱的生意的人很多

自 2008 年左右兴起的终老准备热潮一直持续到今天，毫无衰退的意思。掀起这股热潮的是以《周刊现代》为代表的周刊杂志。在公交车的广告中，"遗产继承""墓地""葬礼""死前要做的准备"……诸如此类的标题十分醒目。

在当下这个年轻人不再阅读报刊的 IT 时代，周刊杂志销量低迷。于是，这些杂志开始瞄上人数众多的婴儿潮时期出生的人，挖掘他们的需求，以便让杂志活下去。就连对终老准备甚是了解的我，也被这些杂志的题目所吸引，忍不住去

> 独居颐养天年

购买。

享受到终老准备热潮红利的不仅有周刊杂志，还有那些专门负责处理文书的专家们，如律师、司法代理人和行政代理人等。和过去不一样，现在即便通过了高难度的司法考试，成了一名律师，也拉不到业务。衣着华丽、家财万贯的律师只是电视剧中的形象而已，现实中由于律师过多，所以他们也都被迫艰难谋生。不过，终老准备热潮的出现，让这个行业得以复苏。

此外，以非营利组织为代表的宣传终老准备理念的各种社会团体，也在年年扩大自己的势力范围。虽然这样说它们不太好，但是这些社会团体确实非常适合凡事想要拿钱解决，然后把事情都扔给别人做的日本人。目前日本涉足该领域的团体，共有100家（包括非营利组织），其中还有

第六章
独居能让人更好地为死亡做准备

信托机构和保险公司。

当然，把自己的终老准备全部交给别人打理，是出于本人的意愿的，我这个旁观者也没有资格说三道四。现在，这门生意红红火火，已经完全可以称得上是一个产业了。

我们的团体"SSS"在"终老准备"这个词语还没出现的1998年开始，就一直在举办主题为"一个人的终老准备"的学习会。在日本，一个人住院时、搬进养老机构时，以及面临其他晚年重大抉择时，都要有一个担保人。那些未婚者，或者没有孩子的人，在担保人这个问题上就会遇到困难，这也是我们办这个学习会的原因。

本来我想，为单身者提供身份担保，应当是行政机构的工作，但是由于单身的人并没有家人为他们跑前跑后，所以很多人就将自己的后事一

> 独居颐养天年

并交给终老服务人员来处理。

我是一个自立的老人,所以要照顾自己到最后一刻——无论多么想实现这样的想法,人的遗体终究无法自己走到坟墓前,躺进棺材里。以前曾有人一脸认真地说,想要看完自己的葬礼再死去,想到这里,我不禁笑出声来,但是他的那种心情是可以理解的。

特别是那些没有家庭的人,他们生前不得不将自己的后事委托给其他人,所以这时候终老准备就显得很有必要。

不过,本书在接下来的部分里,将向大家介绍一种在没有家人的情况下,也能简单做好终老准备的方法。当然,有家庭的人也可以实践,那些想要尽可能实现自己理想的人,一定要参考一下。读完以后,你应该可以感到,孤独方可让终

第六章
独居能让人更好地为死亡做准备

老准备更顺利地进行下去。

● **家人并不像你想象中的那么在乎你**

本来只是为单身人士准备的终老准备,随着周刊杂志的畅销,也开始成为普通人关心的热点。为何如此呢？大概是那些结婚成家的人,觉得家庭的牵绊过于脆弱吧,或者可以理解成就算有妻子儿女,精神上也是孤独的。

很遗憾,在这个时代,即使有孩子也不能完全指望他们。

另外,父母也会想,不能凡事都靠子女。不仅如此,还出现了一些妻子不愿意和丈夫合葬的情况。明明好不容易组建了家庭,死后却不想和丈夫葬在一起。人们就像在玩过家家似的。

但是从另一个角度来讲,可以说一个无论已

> 独居颐养天年

婚未婚，人都能自由决定自己最后时光的时代到来了。过去，人们老后的生活大同小异，都是听天由命，然后死在家里。在现代社会，这样的场景已经是不可能实现的了。此外，女性比男性更热衷于终老准备，大概是因为女性更加长寿，所以最后孤独终老的可能性更大一些。

终老准备就是直面自己内心的一项孤独的任务。如果不知道这个前提，就和家里人商量终老准备，最终只会让事情变得更棘手。

比如，临终时要怎么办？90岁的自己倒在家里时，是让家人叫救护车，还是希望家人置之不理呢？我想，不询问家人的意见，自己一个人孤独地做出决定，才是真正做好了终老准备。

有些男性想和自己的妻儿商量终老准备这件事。如果我对他们说："你的妻儿关心的不是你出

第六章
独居能让人更好地为死亡做准备

意外时要怎么办，而是怎么继承你的财产。"是不是太过分了。

确实有一些温柔的妻子会说："你要一直活下去哦。"然而，假如你真成了百岁老人，到时她会说些什么呢？很遗憾，她会咒你早点死。

人都是以自我为中心的，我也不例外。所以，我不想和家人商量，只想自己悄悄地做好自己的终老准备。

● 不做终老准备，也是一种选择

我独自一人在孤独中悄悄做终老准备时，我才意识到，还有不做终老准备这个选项的存在。

然而，终老准备服务业的从业人员绝对不会告诉你这个选项，你只能自己去体会。

我父亲是85岁去世的。虽然他平时是一个一

> 独居颐养天年

丝不苟的人，但他死前既没有安排自己的后事，也没有留下遗书。我经常听一些死者家属说："老人突然没了，我连他放存折的地方都不知道在哪儿，害我找了老半天。我临死前一定会将一切安排好。"但是我那一丝不苟的父亲，却没有做任何安排，这一点让我很意外。父亲的葬礼结束以后，我深深体会到，原来还有不做终老准备这个选项。生者按自己的喜好处理死者的身后事就好了。

第六章
独居能让人更好地为死亡做准备

制作一份"临终档案"

● "临终备忘录"不实用

做好终老准备的基础是制作一份"临终备忘录"。趁着现在还有精神,脑子也还好使,就按照自己的意愿写下财产分配情况,包括得了阿尔茨海默病以后和病危时要怎么做,死后的葬礼、墓地和遗物处理事宜等。这样做确实可以让自己安心。

我们"SSS"在 2000 年曾经为会员制作过以备不时之需的备忘录。我们一致认为,有了这样一份备忘录,既可以帮助自己掌握财产情况,还可以以此为契机思考自己将怎样迎接人生的最后时刻。

> 独居颐养天年

然而,当真正翻开第一页开始落笔的时候,我们气馁地发现,这种在笔记本中做备忘录的方式并不实用。

曾经写过临终备忘录的人可能会发现,如果不是习惯记日记和家庭账本的人,一翻开笔记本,就没有继续写下去的动力。

另外,由于不同的人之间存折的类型和经常光顾的诊所数量不同,因此所需的纸的行数也不同。再比如,眼下的情况可以记下来,但是明年就不一定了。人生在世,诸行无常。

总而言之,就是临终备忘录这种在笔记本上记录的方式很不实用。如果能够写下临终备忘录,对家人来说可能是一件幸事,但对本人来说,却是一个极大的负担,这便是现实。

第六章
独居能让人更好地为死亡做准备

● "临终档案"很实用

所以我建议大家制作一份临终档案，而不是在笔记本上写下备忘录。试一下你就知道，临终档案远比临终备忘录要好用得多。

下文中的内容，便是我亲手制作的临终档案。

使用一个非常普通的办公用的快劳夹。

在快劳夹中放入20张左右透明的活页内袋。

制作各项目的索引，每个项目之间多留出一些空，内容如下：

（1）生病

（2）财产

（3）晚年诸事

（4）遗嘱

（5）后事

将写好的各项目名称的索引贴在透明活页内

> 独居颐养天年

袋上，至此临终档案准备完毕。

然后，将必要的文件复印一份，塞入相关项目名称的透明活页内袋里。不用手写，这点很方便，如果复印件作废了，就可以抽出来扔掉，换一份新的。档案的优势在于它不是笔记，所以可以随时更新内容。

例如：

（1）放入"生病"一栏中的文件

社保卡复印件、护理保险证复印件、就医卡复印件、病例处方复印件、医院的信息（如治疗癌症的名医）。

（2）放入"财产"一栏中的文件

存折封面复印件、人寿保险等保单的复印件、养老金通知的复印件、与其他金融资产相关的证明文件复印件。

第六章
独居能让人更好地为死亡做准备

（3）放入"晚年诸事"一栏中的文件

老年服务中心的宣传单、养老院的信息（还可以自行选择放入"患阿尔茨海默病时的愿望"和"尊严死的宣言书"等）。

（4）放入"遗嘱"一栏中的文件

写有遗嘱存放地点的纸（在A4纸上用马克笔醒目地写上存放位置，方便发现者阅读）。

（5）放入"后事"一栏中的文件

写有希望采用的葬礼风格的纸（殡葬公司的宣传册也一并放入），写有自己期望的墓地的纸（如祖坟、永久墓地、大海等），写有自己房间遗物整理方法的纸（如果有遗物整理公司的宣传册，也可以放进去），希望通知自己死讯的人的名单，和绝对不希望通知自己死讯的人的名单（放入名片，或者从贺年卡上剪下的名字和住址，这些信

> 独居颐养天年

息可以随时更新，十分方便）。

我推荐大家制作临终档案的理由如下：

- 只需往里塞文件即可，不必大费周章，便可轻松做完。
- 人的心情是不断变化的。档案可以随时变更和修改，随时可以补充最新的内容。
- 通过翻阅档案，可以反复确认自己的想法。

这种制作档案的方法，不仅可以帮助自己做好临终准备，还有很多其他用途。比如，筛选养老院。具体做法就是，看到一家自己心仪的养老院信息，就先放入档案中；若对自己以前放入的资料无感了，就将它们丢掉。

第六章
独居能让人更好地为死亡做准备

为自己的临终时刻做准备

● 死后的事情是我们无法控制的

当人们思考如何为死亡做准备时，首先想到的就是墓地和葬礼。

但是墓地和葬礼都是自己死后的事情了，无论对它们抱有多大希望，人已经不在了，谁也不能保证一定能够如生前所愿。

不过，至少可以在刚才介绍的临终档案的"后事"一栏中，写上"请将我的遗骨埋葬在照片所示之处"，然后再放入那张照片。

最近，不想葬在婆家祖坟的儿媳妇也不少见。

我记得很清楚，20年前我们团体的公墓刚刚

> 独居颐养天年

修好的时候，有一名已婚女性就以此为由，申请签约葬在那里。她当时65岁，没有孩子，是一个乐观开朗的人。

"我不讨厌我丈夫，我只是不想和他合葬而已。那个心眼不好的婆婆和大姑姐以后也会埋在祖坟里，我死后绝对不能和她们继续在一起。不过，我要葬在咱们的公墓这件事，一定要对我丈夫保密哦。他若知道的话，会伤心的，就当这是个秘密吧。"她边说边对我使了个眼色。后来，她的丈夫的确先她一步而去，现年85岁的她独享后面的人生。

● **想想该如何面对阿尔茨海默病和延命治疗**

提前规划自己的后事，比如墓地和葬礼，当然是可以的。但是在这之前，还有一些亟待解决

第六章
独居能让人更好地为死亡做准备

的问题——设定一些意外情况，想好到时希望怎样处理，然后将你的意愿传递给他人。

首先，思考一下，自己老后有什么事情无法自己去完成。

比如，活到很大岁数的时候，得了阿尔茨海默病，无法表达自己的想法时要怎么办，希望别人怎么处理。最明智的选择，就是趁着自己还没有得阿尔茨海默病或者重病的时候做出决定，然后通过书面的方式，将自己的想法传递给家人或朋友。

前些日子，有人给我讲了一个她亲戚遇到的可怕的事。

B 是一位护士，她 50 岁的时候，爱上了一位男患者，并和他结婚。但是没过多久，丈夫就得了癌症。55 岁那年，在一个寒冷的冬天的早晨，她倒在了家里，被救护车送到了医院。不知是照

> 独居颐养天年

顾丈夫积劳成疾还是怎么的，具体情况我也不太清楚，最终她虽然被抢救过来了，但是全身瘫痪，陷入昏迷状态。可能她还比较年轻，所以没有留下遗言或者病危时的处理方法。

雪上加霜的是，丈夫不久后也去世了。无人照顾的B现在生活在一家特殊护理型养老院。她无法讲话，甚至连手指都动不了。5年过去了，B就在沉睡的状态中进入了花甲之年。

我一想到B被迫在无法表达自己也无法死去的状态下苟活的样子，心里就一阵难受。

到延命治疗现场采访的经历，让我开始思考，是否决定接受延命治疗，也是有必要考虑的。

我在讲座上问道："你接受还是不接受延命治疗？"在座的大部分人都回答"不接受"。其中，甚少有人知晓延命治疗的内容和副作用。如果选

第六章
独居能让人更好地为死亡做准备

择接受延命治疗，那就趁着自己身体健康，多了解一些相关知识。

有多少人知道人工透析也是延命治疗的一种呢？每当我想起透析患者那种生不如死的样子，都会深感做人工透析之前，患者有必要了解相关的知识。

人人都有可能遇到自己无法掌控命运的状况，所以我们应当认真思考临终医疗的问题，以便为生命的最后时刻做好准备。

有很多人会选择逃避，不愿意做最坏的打算。不过既然读到了这里，我想你应当能够充分理解能独自想到最坏的情况并冷静思考的重要性了吧。倾听家人的意见当然很重要，但最后的决定还得自己来做。

> 独居颐养天年

找到一个值得信任的遗嘱执行人

● 遗嘱不是光有效就行

各团体和保险公司开办的指导人们正确书写遗嘱的讲座十分受欢迎,我们的团体也举办过好几场遗嘱写作研讨会,场场都座无虚席。

我本来认为只有有钱人才需要写遗嘱,但是在举办讲座的过程中,我意识到遗嘱在终老准备中具有非常重要的地位。

但与此同时,在听了许多专家的观点后,我开始对遗嘱的实效性产生疑问。和医生的说明一样,专家的话也是不能不加选择就全盘接受的。

下面介绍一下遗嘱的种类。遗嘱分为三类:

第六章
独居能让人更好地为死亡做准备

公证遗嘱、自书遗嘱和秘密遗嘱。我们一般写的遗嘱都是公证遗嘱和自书遗嘱，所以本部分主要介绍这两类。

公证遗嘱是遗嘱人在两名见证人的见证下到公证机关由公证员记录的遗嘱。公证遗嘱的优点在于，公证机关会保存遗嘱原件（不同的公证机关保存的时长不同，有必要确认一下）。也就是说，公证遗嘱没有丢失的风险。另外，由于遗嘱是由公证员记录的，也避免了无效的可能。

可以说，公证遗嘱适合那些家财万贯的人、家庭关系复杂且不好分割遗产的人，以及没有法定继承人的未婚者。虽然会花一些手续费，但是遗嘱的实效性很高。我纠结实效性的原因在于，无论你生前立了多少份遗嘱，死后无法执行也白搭。就像人们经常说的"死人不会说话"那样，

> 独居颐养天年

执行遗嘱的不可能是你本人。

无论自己在遗嘱中表达了多么强烈的意愿，死后仍要将一切委托给别人去执行。我通过很多会员死后发生的事情领悟到，这句话看似理所当然，却又令人细思极恐。因此我强烈建议，趁着自己一息尚存，有必要学习一下如何确保自己的遗嘱能生效。

接下来要说的是自书遗嘱。自书遗嘱十分简单，只要手边有纸和笔，任何人都能很快写出一份，可以说是最普通的遗嘱了。不过，不能用铅笔和可擦笔书写。

日本自 2021 年 7 月 10 日起，自书遗嘱可以申请保存在法务局。

注意以下几个问题，就可以避免写出无效的自书遗嘱。

第六章
独居能让人更好地为死亡做准备

- 全文都要亲笔书写(自2019年1月13日起，正文必须亲笔书写，财产目录可以打印，登记簿和存折可以使用复印件)。
- 日期和姓名要亲笔书写（日期要写具体日期，如2019年5月5日；姓名应和户口本上的姓名一致）。
- 签名盖章（最好写上全名）。

到目前为止，我们团体已经送走了大约30名会员，我从中悟到了一点——你的遗嘱就算写得再合乎规范，最后也不一定能完全按照你遗嘱中写的那样执行。可如果这样的话，写遗嘱就丧失了应有的意义。

作为一个外行，我发现即使你按照上述规则写出了一份有效的遗嘱，也还是远远不够的。

> 独居颐养天年

● 遗嘱中一定要写上遗嘱执行人

有必要指定一个能够完完全全落实你遗嘱的人，也就是遗嘱执行人。遗嘱执行人从遗产受赠者中挑选一名即可。但是，考虑到遗嘱执行人可能会有深感责任过重而谢绝的可能性，写遗嘱之前一定要再三确认。

我从律师那里听到过许多这样的故事：一对有钱的夫妻过世后，法定继承人便从四面八方冒出来打官司。这和财产的多少关系不大，每个人都想为自己多争取一块钱，这就是人心。

有钱人全盘委托给律师就可以了。不过律师人数众多，所以具体选择谁，就只能靠自己的判断了。我记得有一个律师说过，很多律师在处置代理人大量的存款和不动产时，会起贪念。顺便一提，如果将律师指定为遗产继承人的话，那么

第六章
独居能让人更好地为死亡做准备

给予他的报酬依遗产总额而定。

另外,司法代理人、信托机构等不同受托方的定价也都不一样。具体还需要自己亲自去调查一番。

遗嘱一定要自己悄悄地写好。因为这是一项能够更有效、更实际地报答恩人的工作。

今年以84岁高龄谢世的单身女性M,她的名字在公证机关可谓众人皆知,因为她生前将自己的公证遗嘱重写了十几遍。她之所以这么做,是因为她对遗嘱受赠方的感情一直处于变化中。

她的第一份公证遗嘱是在退休那年完成的。当时她想把所有财产都留给自己的兄弟。但是,嫂子对她的态度很差,并且后来哥哥还对她说:"你的存折在你手里吧?把它拿给我看看!"这一系列事情使她对自己兄弟的感情发生了变化。

> 独居颐养天年

"他们觉得我是个单身的弱女子，很好欺负，就想得到我全部的财产，时时刻刻盼着我死。我不想把财产留给这样的哥哥，弟弟和弟媳也是如此。"她这样对我说道。

于是，她带着怒火跑到了公证机关，将赠予兄弟的遗产减少了一部分。后来兄弟待她依然很冷淡，于是她就改成了将遗产尽数捐赠给慈善机构。然后……就这样一遍遍改下去，最后一份遗嘱是她去世前几个月完成的。她将大部分遗产留给了好朋友，剩下的部分捐给了几家社会公益团体。

为什么我会知道这些内容呢？因为我们的团体也是遗嘱受赠方之一，所以能够看到这份公证遗嘱的内容。遗嘱执行人是她的好朋友，她的朋友似乎委托给了一位司法代理人，于是那位司法

第六章
独居能让人更好地为死亡做准备

代理人就亲自上门执行遗嘱。

　　上述这位终身未婚的职业女性也是我们的会员。无论怎么看，她都是一位既贫穷又孤独的老太太，但是得益于简朴的生活，她攒下了一大笔钱。我上门拜访时，她用印着奶站宣传画的杯子为我沏茶，从这点就能看出她生活俭朴。虽然一直被兄弟欺负，但是她似乎在公司人缘很好，朋友众多，是一位有活力又开朗的人。我最喜欢这样表里如一、从不在意他人目光、堂堂正正活出自我的人了。

　　每次我和她见面时，都会对她说："这么多钱就别留给别人了，自己花了多好。"她也总是连连答应，说一定会花的，不过依她的性格来看，她是不会这样做的。

　　有时想着"这几年都没有她的消息，是不是

> 独居颐养天年

去世了",于是打电话过去,听到电话那头传来响亮的声音:"我挺好,还活着呢!"

萍水相逢的人看到她,可能只会觉得她是一个寂寞的独居老太太。但只有一直关注着她的我,才会觉得她是真正热爱孤独的人,并度过了最幸福的晚年。她完美地让自己的想法得以实现。此刻,她应当在天堂中开怀大笑:"兄弟们啊,这就是结局,你们看到了吗?"

第六章
独居能让人更好地为死亡做准备

家里人从来不会按你说的去办

● 对死后的事要学会释然

何为家庭？每当我送别离世的会员时，都会思考这个问题。下面，我讲一讲60岁就去世的C的故事。

C生前也和我们团体开发的"女性公墓"签了约。她们家在一块地皮上盖了两栋住宅，一栋住着她和她90岁的老母亲，另一栋住着她40多岁就病逝的哥哥的遗孀和孩子。周末大家一起出去吃饭，其乐融融。

她坚持不懈地到葬着她病逝的哥哥和父亲的祖坟去扫墓。不过由于自己是单身，所以她选择

> 独居颐养天年

和其他会员一起葬在我们的永久墓地中。当然，这也得到了她家人的理解。

但是，C罹患癌症离世后，还是葬在了祖坟里。她生前整日说着自己不需要葬礼，只想死后悄然离去。而现实是，家里人最终为她举办了盛大的葬礼。

不仅仅是C，我还见过许多人，生前本来和我们的永久墓地已经签约了，但死后还是葬在了祖坟。

尊重本人意愿的家庭有是有，但是太少了。我不是想说她们的家人不好，但是家人归根结底也只会做出对自己有利的选择。即便本人不希望举办葬礼，但看在亲戚的份儿上，也不得不办。

也就是说，家人为了满足自己的虚荣心也会选择办葬礼和纳骨仪式。虽然我不想这么说，但

第六章
独居能让人更好地为死亡做准备

是在日本，看上去似乎没有尊重个人选择这一习惯。

是的，死人是无法开口说话的，所以死者的后事都是由家人操办的，这样的例子我见过许多。

无论你如何恳求自己最爱的妻子："我不需要坟墓，请将我的骨灰撒入大海。"但最终能否得到执行，仍要看妻子的选择。如果你的妻子按你说的办了，那么你就算有幸，遇到了一位相当好的妻子。

我对那些和"女性公墓"签约的人说过："你的遗骨最终可能无法葬在这里，但是表达出自己想在此长眠的意愿也是意义非凡的。"

"我不需要葬礼，也不想进祖坟，只希望自己的骨灰能撒入大海"——就算留下这样的遗言，最终执行它的还是你的家人，而不是你自己。所

> 独居颐养天年

以我认为,气定神闲地看淡死后的事情比较好,不要有过多的期待,一切交给家人做主。死后,人不可能自己走进自己选好的坟墓里,更何况坐船到浩瀚大海上撒骨灰呢!

家人本来只会做出对自己有利的选择,所以不要为自己死后会发生什么而烦恼了。

后　记

"希望您能写一本关于晚年孤独的书。"

接到这份委托时,说实话我有些不知如何是好。这个话题已经被各个畅销书作家写过了,我觉得我作为一名不入流的小作家,很难驾驭这个主题。

正当我以自己能力不足为由婉拒时,编辑热情地劝我:"像松原老师这样独居的老前辈是万里挑一的!只有您才能做到从实例出发讲解理论,而不是纸上谈兵。"听到这句话,我内心便不再犹豫。

编辑又说:"我看您已经想通了,那就拜托您

> 独居颐养天年

写一本吧。"

我并不是想用自己年龄大了做借口,但是70岁以后,我的体力确实在不断下降,写书过于耗费脑细胞和身体,所以我不想再发行新作了。正当这时,我接到了这份委托。我不是一头只有眼前吊着胡萝卜才能前进的驴子,而是一旦有了新目标,就会涌现力量的那种人。面对这一新话题,我燃起了斗志,一口气写完了这本书,甚至还有一种自己宝刀未老的感觉。

的确,通过参加非营利组织的活动,我见到了许多因为孤独而患上焦虑症的老人。我为她们进行心理疏导,让她们恢复精神。

有些症状较轻的人会说:"我自己孤身一人,找不到人来当我的担保人,该怎么办啊?"还有一些人的焦虑症状非常严重,就像恐怖片的主角

后　记

一样，陷入无穷无尽的妄想中。"我没有朋友，也不想让兄弟姐妹知道我现在的情况。如果我倒在家里了，谁会给我叫救护车呢？我不想一个人孤独地死去，毕竟如果尸体生蛆了，会给邻居们带来麻烦的。"

70岁时，我开始察觉到自己衰老的速度比想象中要快得多，还看到无论多么有钱的人，最终也逃不开在老年的孤独中痛苦挣扎的命运。

我在之前的一本著作中写了这样一句话："只要拥有豁达的胸襟，就能够快活地度过一生。这和年龄没有关系，要积极向前看！"现在，真正成为老年人后，我深刻感受到一切远没有那么简单。我为自己年轻时幼稚的言论感到羞愧，甚至想把书店里摆放的作品全部买下来。

话虽如此，我才刚刚70岁，还没有身为一个

> 独居颐养天年

老人的自觉,但是身边的许多过来人老去的方式和死法,让我确信了一点——今后如果要过一个幸福的晚年,与孤独和睦相处的能力是不可或缺的。将孤独当作密友这种生活方式,比起主观上忽视它、逃避它要好得多。

写完这本书后,我现在的目标就是成为一个潇洒的孤独老太太。是的,就像奥黛丽·赫本和玛琳·黛德丽两位女明星那样,我会活成一个潇洒的老太太。大家要不要一起来啊?

最后,我衷心感谢我的责任编辑杉浦博道先生和编辑助理松原正世先生,是他们为我提供了这个合适的主题。

2019 年 6 月 1 日

松原惇子